Mit Vollgas auf die Standspur

Prof. h.c. (KG) Dr. med. Dr. lic. oec. (BI) Wilfried Herr

Prof. h.c. (KG) Dr. med. Dr. lic. oec. (BI) Wilfried Herr |
Dr. med. sin. Andreas Kalg | Nicole Börsch | Mario Schepp |
Ina Herr

Mit Vollgas auf die Standspur

Leben mit der Diagnose Schlaganfall

Verlag DeBehr

Herausgeber: Verlag DeBehr, Radeberg
Erstauflage: 2015

ISBN: 9783957531964

Ich widme dieses Buch
meinen lieben Kindern Melanie, Sebastian,
Lourdes Marie, Laurin Marius,
Jonas Amadeus
meinem Enkelsohn Leonard Manfred,
meiner wunderbaren Ehefrau Ina,
sowie meinen Schwiegereltern Uwe und Erna,
ohne die eine Rehabilitation zu Hause
nicht möglich gewesen wäre.

Danksagung

In erster Linie danke ich unserem Schöpfer, der mich durch meinen intensiven Glauben an ihn auffing und mich in ein normales Leben zurückführte.

Der Herr ist mein Hirte;
mir wird nichts mangeln.
Er weidet mich auf einer grünen Aue
und führet mich zum frischen Wasser.
Er erquicket meine Seele.
Er führet mich auf rechter Straße um seines Namens willen.
Und ob ich schon wanderte im finstern Tal,
fürchte ich kein Unglück; denn du bist bei mir,
dein Stecken und Stab trösten mich.
Du bereitest vor mir einen Tisch im Angesicht meiner Feinde.
Du salbest mein Haupt mit Öl und schenkst mir voll ein.

Gutes und Barmherzigkeit werden mir folgen mein Leben lang.

Psalm 23

Ich bedanke mich bei meinem wunderbaren Sohn Jonas Amadeus. Ohne Dich hätte ich aufgegeben. Ohne Dich hätte mich meine Kraft verlassen und das Licht wäre erloschen.

Danken möchte ich auch meiner Frau. Sie war es, die mich in meiner größten Not mit viel Liebe und Ausdauer aufgefangen hat. Sie pflegte mich mit einer Selbstverständlichkeit, die die Welt fast schon verloren hat. Sie war mein Gesprächstherapeut, meine Krankenschwester, mein Home-Therapeut und sie blieb an meiner Seite bis zum Schluss.

Auch danke ich meinen lieben Schwiegereltern, die Tag und Nacht opferten und sich um die alltäglichen Abläufe und um die Versorgung unseres über alles geliebten Sohnes kümmerten.

Und natürlich gilt mein Dank auch meinen wunderbaren Kindern. Ich liebe Euch!

Große Anerkennung möchte ich all meinen Therapeuten, egal ob in den Kliniken oder ambulant, zukommen lassen. Alle haben eine wunderbare Arbeit geleistet und ohne sie wäre auch mein starker Wille alleine nicht vorangekommen.

DER HAUPT-AUTOR

Prof. hc. (KG) Dr. med. Dr. lic. oec. (BI) Wilfried K. Herr

Wilfried K. Herr ist ein seit 1986 selbstständig niedergelassener Facharzt für Allgemeinmedizin. In den Jahren 1970 bis 1972 absolvierte er zunächst eine Lehre als Vermessungssekretär. 1972 begann er am Abendgymnasium Gießen sein Abitur nachzuholen, und danach studierte er von 1976 bis 1983 an der Justus Liebig Universität Gießen Humanmedizin und parallel dazu Zahnmedizin. In den Jahren 2000 bis 2003 folgte dann ein Studium zum Gesundheits- und Betriebsökonom (BI) am Institute of Economic Studies, Lehrinstitut Chur, Oeconomia Medica AG sowie Mitte 2003 die Promotion zum „Dr. med." an der Universität Gießen. Mit viel Freude und Engagement absolvierte er nach und nach verschiedene Fort- und Weiterbildungen zum Palliativmediziner, Geriater, Männerarzt, Ernährungs- und Transfusionsmediziner. 2012 erweiterte er seine Einzelpraxis zu einer Tagesklinik mit dem Schwerpunkt der biologischen Krebstherapie und komplementären Schmerzbehandlung, wo er bis heute seiner Berufung nachgeht. Am 24.04.2015 erhielt er von der Kirgisischen Staatlichen Akademie für Körperkultur und Sport den Titel „Professor Honoris Causa – Prof. h.c. des Lehrstuhls für medizinische und physiologische Grundlagen der Körperkultur.

Website: www.praxisklinik-dr-herr.de

DIE CO-AUTOREN:

Dr. med. sin. Andreas Kalg

Andreas Kalg ist ein auf TCM spezialisierter Heilpraktiker. Er hat Akupunktur und TCM zuerst in Deutschland, später in China studiert. In den 90er-Jahren absolvierte er Diplom-Ausbildungskurse an der Akupunktur-Akademie Berlin und bei Shou Zhong in Berlin. Von 1999 bis 2009 studierte er Sinologie und traditionelle Chinesische Medizin in Taiwan und China. 2009 schloss er seine Studien an der Zhejiang Chinese Medical University in China mit dem Titel Master of Medicine (TCM) ab. 2014 schloss er seine Promotion mit dem Titel Doctor of Medicine (TCM) im Fachbereich klinische Grundlagenforschung ab. Jetzt ist er als freiberuflicher Heilpraktiker in Haiger und Herborn in Hessen niedergelassen. Er ist Dozent für chinesische Phytotherapie an mehreren Ausbildungsinstituten in Deutschland und Autor zahlreicher Publikationen über TCM im In- und Ausland.

Website: www.tcm-kalg.de

Nicole Börsch

Nicole Börsch ist Physiotherapeutin. 2008 legte sie ihr Staatsexamen bei IFBE med. GmbH „DIE SCHULE für Berufe mit Zukunft" in Bad Hersfeld erfolgreich ab. Ebenso erlangte sie im selben Jahr das Zertifikat zur Ödemtherapeutin (Lymphdrainage). 2011 spezialisierte sie sich auf neurologische Erkrankungen mit Zertifizierung zur Bopath-Therapeutin. 2012 bis 2014 erfolgte die Ausbildung in manueller Therapie mit Zertifizierung zur Manualtherpeutin. Zur Zeit arbeitet sie als fachliche Leitung in der Physiotherapiepraxis Poll, Kölner Straße 200, 57290 Neunkirchen.

Mario Schepp

Mario Schepp ist Ergotherapeut, mit Zusatzausbildungen in den Bereichen Bobath (Erwachsene), Handtherapie und Spiegeltherapie. Er eröffnete im Jahre 2006 in 35745 Herborn, gemeinsam mit seiner Frau (Helene Schepp) eine Praxis für Ergotherapie, mit mittlerweile 7 Mitarbeitern.
2012 kaufte er (auch in Herborn) eine Praxis für Physiotherapie und erweiterte diese in 2013 mit einem milon© Kraft-Ausdauer-Zirkel.

Ina Herr

Ina Herr lernte 1998 den Beruf der medizinischen Fachangestellten und legte 2013 die Prüfung zur zertifizierten Praxismanagerin ab. Seit 2011 ist sie erfolgreiche Familienmanagerin mit einem wunderbaren vierjährigen Sohn und einem erfolgreichen Ehemann.

Inhaltsverzeichnis

Einleitung

Jeder Mensch, jedes Lebewesen hat seine Geschichte. Eine Geschichte, welche lange vor unserem eigentlichen Eintritt in das Leben geschrieben wird. So habe auch ich meine ganz persönliche Historie mit vielen Höhen und Tiefen. Ein Tief, welches ich im September 2014 nach zwei vorherigen Warnschüssen erlebte, erzähle ich Ihnen in diesem Buch.

An jenem Abend des 3. Septembers erlitt ich den dritten und für mich schlimmsten Schlaganfall meines Lebens. Von einer Sekunde auf die andere landete ich, ein erfolgreicher und überzeugter Arzt, bekennender Autoliebhaber, sportsüchtiger Einzelkämpfer und liebender Familienvater, mit einer Geschwindigkeit von 300 km/h auf der Standspur.

Ich nehme Sie mit auf meine bisher anstrengendste, zermürbendste aber auch erfolgreichste Reise durch mein Leben, oder besser durch mein Gehirn und seine ungeahnten Funktionen. Von einer bunten, blühenden und vollendeten Welt in eine graue, abgehackte mit Nebel belegte Landschaft, welche einem Kriegsschauplatz ähnelt.

Dieses Buch ist ein Erfahrungsbericht, welches allen betroffenen Menschen und auch ihren Angehörigen Mut machen soll, nicht aufzugeben, sondern zu kämpfen. Es ist ein Kampf, der sich lohnt. Trotz der Schwere meiner Erkrankung versuchte ich immer wieder, die gelehrten naturwissenschaftlichen Erkenntnisse und meine Erfahrungen auf einen Nenner zu bekommen. Nicht alles ist mir gelungen. Ich bin froh und sehr dankbar, am Leben zu sein und meine Erfahrungen der Welt weitergeben zu dürfen.

Meine Zeilen sind in drei Kapitel unterteilt. Der erste Bereich erzählt mein Leben und mein Wesen, bevor mein Schicksal mich ereilte und einen Teil meines Computersystems lahmlegte. Ich erzähle Ihnen, wie ich zu der Berufung Arzt kam, von meinen persönlichen Stärken und Schwächen, meiner Familie und meinen Zielen. Von meinem überaus großen Sportdrang, welcher letztendlich dafür verantwortlich war, dass alles so gut lief, wie es gelaufen ist. Um genauer zu verstehen, welcher Teil meines Gehirns unterbrochen oder besser gesagt gelöscht wurde, erläutere ich Ihnen kurz die einzelnen Hirnareale mit ihren Funktionen.

Wenn Sie sich schon einmal mit dem Thema Schlaganfall, Herzinfarkt, ähnlichen oder noch schlimmeren Krankheiten auseinandergesetzt haben und versuchten, sich in die Lage des Betroffenen zu versetzen, dann erfahren Sie im zweiten Teil des Buches mehr über die tatsächliche Wahrheit. Wie es ist, als vollkommener, autonomer, überdurchschnittlich intellektueller Mensch in die Hände fremder, manchmal nicht einmal die eigene Sprache sprechender Menschen zu gelangen, welche zwar alle nur ihr Bestes wollen, aber kaum auf Menschenwürde, Achtung, Stolz und Schamgefühl eingehen. Ich beschreibe den Kampf, wieder selbstständig sein zu wollen und immer wieder einsehen zu müssen, dass ich es nicht bin.

In dieser für mich, aber auch für meine Familie, sehr schwierigen Phase meines Lebens gab es Menschen an meiner Seite, welche mich fast selbstlos immer und immer wieder unterstützten und aufbauten, mir Liebe und Mitgefühl vermittelten, auch wenn das Loch und die schwarzen, nicht schwinden wollenden Wolken noch so groß waren. Und die Menschen, die mich mit ihren therapeutischen Erfahrungen und Erkenntnissen begleiteten. Egal ob Wochenende, Feier- oder Festtag. Die Werkzeuge Ergo- und Physiotherapie sowie komplementäre Therapien, in meinem Fall die traditionelle Chinesische Medizin mit ihren Teilgebieten der Akupunktur und Kräuterheilkunde, waren wichtige Bausteine auf meinem Weg, dessen genauere Bedeutung natürlich auch aufgezeigt werden soll.

Wenn sie Menschen kennen oder vielleicht selbst einer sind, die von dieser heimtückischen Krankheit betroffen sind, dann kann dieses Buch einen unschätzbaren Wert haben. Es soll auch zeigen, dass nicht alles, was man vorgegeben bekommt, auch für den einzelnen Sinn macht und der richtige Weg für seine Genesung sein muss. Es gilt vielmehr, auf die eigene Einschätzung und den eigenen Kampfgeist zu vertrauen. Wir müssen auf unser Gefühl und somit auf unseren Körper hören, Schwächen zulassen und Stärke walten lassen.

In meinem letzten Kapitel beschreibe ich schließlich, was der Schlaganfall mit mir und in meinem Computersystem gemacht hat. Es geht um Veränderungen in meinem Leben, um Einsicht und Erkenntnis und um die faszinierende Fähigkeit unseres Gehirns alt Erlerntes wieder abzurufen und in einem anderen Bereich abzuspeichern.

Ich hoffe, Ihnen hilft meine Erfahrung auch auf Ihrer Reise!

Mein Leben vor dem Crash

Mit 300 km/h über die Autobahn, Marathon in New York, hier ein Besuch, dort ein Abendessen, ein Ausflug, eine Reise in ferne Länder. Immer volle Power von morgens bis abends, 7 Tage in der Woche, 15 Stunden am Tag. So gefiel mir mein Leben. Eigentlich!

Geboren wurde ich 1954 in Wetzlar. Genau in dem Jahr, als unsere Nationalelf den Weltmeistertitel nach Hause holen konnte. Das konnte nur ein gutes Zeichen sein.

Gemeinsam wuchs ich mit meinem 3 Jahre jüngeren Bruder und meinen Eltern im Dachgeschoss der damaligen Wohnung von Goethe auf. Es waren, nennen wir es, dürftige Zeiten. Es war die Zeit nach dem Krieg, wo kaum jemand von Vermögen und Reichtum sprach. Reich war man in dieser Zeit, wenn man täglich satt zu essen hatte, seinen Kindern eine gute Ausbildung finanzieren konnte und arbeiten durfte. Das waren die Bedürfnisse, welche heute kaum einer für normal halten würde.

Trotz dieser schwierigen Zeit hatten wir ein Nest. Oft war das Nest scheinbar kalt und von harten Wintereinbrüchen überkommen, aber so richtig kalt konnte es bei uns nie werden. Denn unsere Eltern gaben uns das, was wir brauchten, um aus unserem späteren Leben etwas zu machen: Liebe und Wärme. Damals habe ich das natürlich nicht verstanden. Und auch später als Vater hat es lange gedauert, bis ich es begriff und entsprechend umsetzte.

Natürlich kamen wir, wie viele andere Kinder, von einem langen Schulweg nach Hause, öffneten mit dem umhängenden Schlüssel die Tür und keiner war da. Alles still. Keiner nahm uns in den Arm und sagte: "Hey, schön, dass du da bist, ich habe dir etwas gekocht, was hast du erlebt ...“ Wir dagegen sagten: "Ah, keiner da, dann nix wie raus ..." Ungeachtet dessen, dass ich meinen kleinen Bruder immer im Schlepptau hatte, war es eine schöne Zeit mit viel Zusammenhalt.

Mein Vater ließ sich nicht davon abbringen, dass ich eine Lehre als Landvermesser machen sollte, sodass ich später in das Beamtentum einsteigen könnte. Da mich dieser ganze, trockene Zahlensalat so viel interessierte wie die Gardinenfarbe bei unserer Nachbarin, kam es, dass ich das Ziel, die Prüfung zu bestehen, zweimal verfehlte. Nachdem mir mein damaliger Lehrer ins Gewissen redete, dass es nur noch eine einzige Chance gebe, riss ich mich buchstäblich zusammen und lernte die Inhalte schlichtweg auswendig. Und es klappte!

Zum Frust meines Vaters legte ich ihm zum einen die Ernennungsurkunde zum Beamtentum auf Lebenszeit und gleich hinterher die Kündigung meines Arbeitsverhältnisses vor. Ich höre noch heute seine Worte: "... Ab heute sorgst du für dich alleine, von mir kannst du nichts mehr erwarten." Und er gab mir eine saftige Ohrfeige. Aber ich wusste: Das wird nicht mein Lebensweg – Mein Weg sollte ein anderer werden!

Und er wurde ein anderer. Ich suchte mir einen Job bei der Firma Buderus, sorgte ab diesem Zeitpunkt für mich selbst und begann am Abendgymnasium Gießen meinen Abiturabschluss nachzuholen.

Während dieser anstrengenden Zeit lernte ich 1971 meine damalige Frau, Anita, kennen. Sie war eine wunderbare Frau. Ruhig und gelassen, aber auch lustig und spontan. Für uns war die Welt gemacht und wir beschlossen recht schnell, dass unser Lebensweg gemeinsam gemeistert werden sollte.

Lange Nächte habe ich damit verbracht, meinen weiteren Weg genauer zu planen. Schon immer interessierte ich mich für die Spiritualität. Wieso genau, kann ich nicht sagen, aber vielleicht deshalb, weil ich schon als Kind dem Herren als Messdiener diente. Und eines Tages wusste ich es: Ich studiere Theologie! Ich schrieb eine Bewerbung nach der anderen, was zur damaligen Zeit, ohne Computer oder gar Kopierer, mit einem großen zeitlichen Aufwand verbunden war, und schließlich erhielt ich einen Platz an der theologischen Hochschule in Wuppertal. Ich war außer mir vor Freude. Doch diese Freude kam nicht bei jedem gleichermaßen an. Meine Eltern nahmen es lediglich zur Kenntnis und auch Anita war von dem Gedanken nicht erfreut. Viele Diskussionen kamen auf.

So kam es, dass, wie schon in der Bibel steht, die Liebe das stärkste aller Bänder ist und ich den Studienplatz doch ablehnte. Verstehen konnte ich ihre Auffassung und Entscheidung allerdings ganz und gar nicht und war auch etwas verärgert.

Also ging die Suche nach dem wahren und richtigen Lebensweg wieder von vorne los und es kostete mich Nächte. Nächte, in denen ich für meinen Abschluss büffelte und Nächte, in denen ich zügig eine neue Entscheidung treffen musste. Anita und ich redeten und philosophierten oft und gerne über diesen Weg und ich traf den Entschluss, der Berufung als Arzt zu folgen.

Ich bewarb mich bei der Zentralstelle für die Vergabe von Studienplätzen (ZVS) in Dortmund für einen Platz in der Humanmedizin in Gießen und hatte wieder Glück – es klappte! Endlich hatte ich meinen Weg gefunden. Freudig und stolz wie Oskar erzählte ich bei einem Besuch in der Praxis unseres damaligen Hausarztes Prof. Dr. Dr. Josef Koch von meinem Vorhaben. Seine Freude und Begeisterung sprang mir wahrlich ins Gesicht und aus einem Arzt-Patienten-Verhältnis wurde schnell ein freundschaftliches und schon fast kollegiales Verhältnis, und das, obwohl ich noch nicht einmal mit dem

Studium begonnen hatte.

Es war eine ungewöhnliche Beziehung zwischen uns. Nur alleine von dem Gedanken getragen, dass ich Medizin studieren würde, gehörte ich plötzlich zu dem Kreis der Auserwählten. Zu den Halbgöttern in Weiß, die alle und alles retten konnten. Es war ein gutes, sicheres Gefühl, dazugehören zu dürfen, zu wissen, es gibt Menschen, die auch diesen Weg gehen.

So begann ich voller Stolz mein Studium. Anita und ich zogen zusammen, alles war perfekt. Eigentlich schon fast zu perfekt.

Neben den zahlreichen Vorlesungen folgten interessante Gespräche mit Prof. Dr. Dr. Koch. Seine Art zu reden und Menschen von Dingen zu überzeugen war fantastisch. Oft hörte ich ihm still zu und dachte, wunderbar, so möchte ich auch sein. Erfolgreich, angesehen und doch auch einfach Mensch. Er hatte mich davon überzeugt, ein zweites, parallel laufendes Studium der Zahnmedizin zu beginnen und ich begab mich mehr und mehr auf seinen Weg. Jede Woche assistierte ich ihm bei seiner Arbeit und wie ein Strudel sog ich die Information in mich ein. Es folgten viele Veröffentlichungen von wissenschaftlichen Erkenntnissen und neuesten Operationstechniken, wo ich als Assistent dienen durfte.

Inzwischen hatten Anita und ich uns das Ja-Wort gegeben und eine gemeinsame Wohnung in Rechtenbach bezogen. Von dort aus konnte ich täglich mit dem Fahrrad in die Klinik fahren und hatte somit etwas körperlichen Ausgleich. Es dauerte nicht lange und wir waren glückliche Eltern einer kleinen Tochter mit dem Namen Melanie. Es war für mich ein Wunder. So zart, fein und zerbrechlich. Unser Glück war einfach perfekt!

Die Zeit verrann wie im Fluge und ich musste mich wieder entscheiden. Ich stand an einer Wegkreuzung und wusste nicht, fahre ich nach links oder rechts. Was ist das Richtige? Wieder philosophierten Anita und ich, wieder hörte ich mir die Ratschläge von Prof. Dr. Dr. Koch an und dann war es klar.

Ich weiß noch genau wie begeistert ich zu Anita ging und ihr meine Entscheidung, Mund-Kiefer- und Gesichtschirurg zu werden, buchstäblich ins Gesicht schrieb. Doch die Sache hatte einen Haken und genau der war das Problem. Den Weg, den ich gewählt hatte, hatte zur Folge, dass wir für mehrere Jahre in die USA mussten und dies konnte sich Anita ganz und gar nicht vorstellen.

In Anbetracht dessen, dass wir eine kleine Tochter hatten und somit eine große Verantwortung, gab ich diesen Traum wieder auf.

Schlussendlich landete ich als Assistenzarzt in der unfallchirurgischen Klinik in Wetzlar. Eine anstrengende und doch schöne Zeit. Aber die Unfälle, Katastrophen und Schicksale vieler Menschen begleiten mich noch heute.

1983 kam unser Sohn Sebastian zur Welt. Auch er war unser Sonnenschein und nun war unsere Familie komplett. Einige Zeit später entschlossen wir uns, ein Haus zu kaufen und ich übernahm die Praxis des damaligen Kollegen Dr. Faber im schönen Beilstein, am Rande des Westerwaldes.

Die Bereitschaftsdienste wurden dadurch nicht weniger, aber ich war stolz, dass ich es geschafft hatte. Ja, ich hatte meinen übergroßen Dickkopf gerade und hauptsächlich gegen meinen Vater durchgesetzt, bin ins kalte Wasser gesprungen und schwamm. Gewaltige Strudel musste ich durchqueren, ich machte viele Fehler und zahlte das entsprechende Lehrgeld.

Ab dem Tag der Eröffnung, am 01.04.1986, gestaltete es sich so, dass ich morgens um 6:00 Uhr mit Blutentnahmen begann und die offizielle Sprechstunde gegen 8:00 Uhr startete. Stunde um Stunde verging wie im Fluge und schon war es Abend. Gegen 20 Uhr endete der Arbeitstag und die Familie rief. Leider gingen die Kinder meist gerade zu Bett und ich bekam nicht viel von ihnen mit. Und dann begann der Tag von vorne. Immer und immer wieder, schneller und schneller, anstrengender und anstrengender.

Das Rad drehte sich jahrelang. Neben den vollen Sprechstunden kamen natürlich auch noch die Fortbildungspflicht und die Büroarbeit, welche sich zur damaligen Zeit aber noch etwas strukturierter und einfacher darstellte. Trotz allem hatte ich die Nase vom Lernen noch nicht voll und begann ein Fernstudium zum Gesundheits-und Betriebsökonom (bi). Das war mein Glück, denn ohne dieses Studium hätte ich mein zweites Standbein, den Aufbau der komplementären Medizin nicht geschafft.

Neben der Arbeit gab es aber auch Urlaub, Sonne und Strand. Wir reisten gerne und viel und waren in Städten, welche ich vorher nur auf der Landkarte gesehen hatte.

Doch unser Glück begann zu bröckeln, als unser Sohn mit 12 Jahren an einem Osteosarkom, einer der schwersten Arten von Knochenkrebs, erkrankte. Das war ohne Zweifel das Schlimmste, was uns passieren konnte. Ängste, Zweifel und Hoffnungslosigkeit machten sich breit. Täglich kämpften wir ums Überleben und unten, unten in den Praxisräumen, scharrten schon die ungeduldigen, mich immer für sich einnehmenden Menschen, die glaubten, mich mit ihrer Chipkarte gekauft zu haben. Mir war zum Weinen und ich musste lächeln, als sei nie etwas gewesen. Es kostete Kraft. Die meiste Kraft kostete es jedoch Sebastian, doch der gab nicht auf. Er dachte nicht einmal daran. Seine Worte waren immer: Papa reg' dich nicht auf, ich schaffe das.

Oft kamen aber Zweifel und das gerade dann, wenn wieder einer seiner Zimmerkollegen es nicht geschafft hatte und die letzte Reise schon in frühem Kindesalter antrat. Sebastian behielt recht und er schaffte es. Heute ist er ein gesunder junger Mann und gründet gerade selbst eine kleine Familie.

Dieser Schicksalsschlag führte Anita und mich zum einen enger zusammen und doch auch auseinander. Jeder hatte seine eigene Art mit der Situation und den Ängsten umzugehen. Ich für meinen Teil flüchtete mich tiefer und tiefer in die Arbeit. Ich wollte einfach mehr wissen über diese tückische Krankheit. Es musste doch etwas geben, was das Leid der Menschen minderte.

Den rechten Weg zur Bekämpfung des Krebsleidens fand ich leider nicht. Aber ich fand den Weg, Menschen in ihrem Leid zu begleiten, ihnen Lebensqualität zu geben und ihr Leben zu verlängern. Hoffnung, noch etwas bei ihren Lieben zu verbleiben, Kraft, noch einmal in den Urlaub zu fahren oder einfach nur Unterstützung beim Abschiednehmen. Viele Menschen habe ich auf diesem Weg begleiten dürfen und alle sind in meinem Kopf und Herzen verankert.

Die Jahre vergingen, die Kinder wurden größer und leider lebten Anita und ich uns immer weiter auseinander.

Ich lernte eine Frau kennen, mit der ich reden konnte, welche mich zu Einladungen begleiten konnte und einfach einmal für mich da war. Damals fehlte mir das. Nähe, sich einfach einmal fallen lassen und alles vergessen können. Wie in den meisten Beziehungen kamen wir uns näher und es passierte – sie wurde schwanger. Einmal mit Lourdes Maria und ein paar Jahre später mit Laurin Marius. Heute schäme ich mich für meine Handlungen, aber damals war das für mich ein Stück Ausweg und über die beiden Kinder bin ich sehr glücklich und stolz. Doch auch diese Beziehung hielt leider nicht stand. Meine Ehe mit Anita war darüber natürlich auch zerbrochen und wir ließen uns scheiden. Unsere Kinder Melanie und Sebastian waren zu diesem Zeitpunkt bereits erwachsen.

Schließlich traf ich meine heutige Frau, Ina. Unser Weg war anfangs steinig und hart, und es dauerte etwas, bis ich ihr Herz erobern konnte. Doch auch das gelang mir. Den klassischen Weg von Kennenlernen, Treffen, Zusammenziehen, Verlobung und Hochzeit hatten wir allerdings nicht. Unsere engere Beziehung konzentrierte sich zunächst auf die Umstellung der alltäglichen Arztpraxis zu einer Praxisklinik, welche wir nach langen Anstrengungen am 12.12.2009 eröffneten. Der Unterschied besteht dran, dass eine Praxisklinik sogenannte Tagesbetten hat, was eine intensive Betreuung schwer- und schwerst erkrankter Menschen möglich macht.

Meine Frau hatte eine Art mit Menschen umzugehen, zu kommunizieren und sich auf jede Ebene einzustellen, die einfach erstaunlich war. Egal, ob ein überdrehter Manager im Wartebereich bereits mit den Hufen scharrte, weil er zehn Minuten auf seine Infusion warten musste oder ob eine alte Dame im Rollstuhl sie mit müdem und hoffnungslosem Blick anschaute und Hilfe brauchte, sie konnte in Sekundenschnelle diesen Menschen geben, was gerade benötigt wurde. Ja, es gab Situationen, wo sie Worte, die hart ausgesprochen jeden Kunden vertrieben hätten, so verpacken konnte, dass die Betroffenen sogar manchmal schmunzelten.

Nach geraumer Zeit kamen wir uns auch privat näher und zogen in eine gemeinsame Wohnung nach Merenberg. Am 16.7.2010 gaben wir uns das Ja-Wort und am 26.10., genau am Geburtstag meiner Frau, bekamen wir die erfreuliche Nachricht, dass wir Nachwuchs erwarteten. Die Euphorie meiner Frau konnte man nicht fassen. Solch eine Freude, ein Strahlen und diese Ausgeglichenheit hatte ich selten gesehen. Wir waren auf dem besten Weg die glücklichsten Eltern aller Tage zu werden. Doch Sie ahnen vielleicht schon, dass auch dieser Weg nicht ganz gerade verlief. Ende April bekam meine Frau starke Rückenschmerzen und Anfang Mai einen Bluthochdruck, welchen sie vorher nicht kannte. Laut der Frauenärztin war mit unserem Engelchen aber alles in Ordnung.

Am 23. Mai, in der 32. Schwangerschaftswoche, rief meine Frau mich an und teilte mir ziemlich aufgelöst, voller Angst und Sorge mit, dass sie keine Kindsbewegungen im Bauch mehr spüre. Die quirligen Bewegungen und Tritte waren verstummt. Sofort machten wir in der Praxisklinik einen Ultraschall, indem ich unregelmäßige Herzschläge erkennen konnte. Jetzt durfte keine Zeit mehr verloren werden. Um meine Frau nicht noch mehr zu verunsichern und aufzuregen, denn das konnten wir jetzt gar nicht gebrauchen, sagte ich ihr zunächst nichts davon und setzte mich eilends mit der Frauenärztin in Verbindung, welche meine Frau sofort in die Universität nach Gießen einwies.

Nach eingehenden Untersuchungen wurde um 16.52 Uhr unser Sonnenschein zur Welt geholt. Er wog gerade einmal 1280 g und war 38 cm groß. Unser Glück musste jedoch noch einige Wochen in der Klinik bleiben. Dies war, glaube ich, die schlimmste Zeit für meine Frau – und auch für mich.

Dem Herrn sei Dank, dass wir auch dies gemeistert haben und unser Ein und Alles jeden Morgen fröhlich begrüßen dürfen.

Und wieder mit einem neuen Problem belastet, das es zu verarbeiten galt, flüchtete ich mich weiter in die Arbeit. Aber jetzt schienen wir es endlich geschafft zu haben. Im September feierten wir die Taufe von Jonas Amadeus, im Oktober kam mein kleiner Enkel Leonard zur Welt und es lief endlich einmal alles ruhig und gelassen. Wir hatten kaum Sorgen, oder nur solche, die man vernachlässigen konnte, als am 27.6.2012 das geschah, wovor ich immer Angst hatte: Ich erlitt in der Praxis meinen ersten Hirninfarkt!

Er hatte mich im Mediastrombahngebiet getroffen, was zur Folge hatte, dass ich linksseitig gelähmt war. Meine Frau, die zu diesem Zeitpunkt mit unserem Sonnenschein einige Erledigungen machte, traf die Nachricht wie der Blitz.

Alles fing am frühen Nachmittag mit einer Schwäche im Bein an. Es fühlte sich an, als gehörte es nicht mehr zu mir, als bliebe es einfach stehen und ich ging weiter. Ich wunderte mich, maß dem aber keine große Bedeutung bei und machte weiter wie bisher. Bis ca. 17.30 Uhr, dann machte ich gar nichts mehr. Ich fiel zusammen wie ein Sack. Einfach zusammen.

Bis ich endlich realisierte, was eigentlich geschehen war und ich bereit war, mich in einem Krankenhaus behandeln zu lassen, vergingen kostbare Stunden. Als nach kurzer Zeit die Sanitäter die Eckdaten der Anamnese aufnahmen, schauten beide auf die Uhr, sagten nur noch: dann aber Beeilung. Jetzt ging es um jede Minute, denn man hat in solchen Fällen ein Zeitfenster von 4 Stunden, um eine geeignete Therapie durchführen zu können. Dank der hervorragenden Rettungskette und dem professionellen Team in der BDH-Klinik in Braunfels verlief aber alles gut. Das Therapiefenster war gerade noch offen, als die sogenannte Thrombolyse durchgeführt wurde. Diese Therapie war wie ein Wunder. Innerhalb von ungefähr zwei Stunden konnte ich alle meine Extremitäten wieder bewegen.

Die Erleichterung kann man nicht in Worte fassen. Während der nächsten 72 Stunden der Überwachung auf der Stroke Unit Station hatte ich ausreichend Zeit, über das Ausmaß und mein unbeschreibliches Glück nachzudenken. Zu diesem Zeitpunkt machten mich die Gedanken und der Vorfall jedoch lediglich betroffen, nicht aber dachte ich über ernsthafte Veränderungen nach. Schließlich ging ja wieder alles. Das Einzige, was ich hatte, war eine auffallende Müdigkeit, welche eine normale Kommunikation gar nicht zuließ.

Am Morgen des 29.7.2014 klingelte mein Handy und es war meine Ex-Frau Anita. Sie wollte sich nach mir erkundigen und wir redeten eine Weile. Am Nachmittag traf meine Frau ein und berichtete mir, was es in der Praxisklinik Neues gab. Es war der übliche Wahnsinn, nichts Außergewöhnliches. Nach einer Weile sagte sie, sie müsse noch ein paar Dinge mit unserem Personal klären und rief in unserer Praxisklinik an. Es dauerte außergewöhnlich lange, bis jemand das Telefon bediente, und so bekamen wir die erschreckende Nachricht, dass Anita gerade verstorben sei. Ein Herzinfarkt hatte sie aus dem Leben gerissen und ihre letzte Reise antreten lassen. Für uns alle ein Schock.

Nach einigen Diskussionen mit dem leitenden Chefarzt der BDH-Klinik durfte ich nach 72 Stunden die Klinik verlassen, sodass ich meinen großen Kindern wenigstens etwas beistehen und Anita das letzte Geleit geben konnte.

Mein Leben begann wenig später wieder mit Vollgas in der Praxisklinik, obwohl meine Frau damit nicht einverstanden war. Ihre Veränderungen gingen eher dahin, alles so zu strukturieren, dass es für mich entlastender werde, meine Gedanken hingegen gingen in die Zukunft. Schnell war mir klar, dass ich ein Studium im Bereich Psychotherapie beginnen wollte und so suchte ich mir ein entsprechendes Institut. Den Lernstoff sog ich wahrlich in mich hinein, ähnlich wie im Medizinstudium, aber das hier war noch interessanter. Am meisten versank ich in dem Thema der Hypnose. Die Möglichkeit, sich mit bestimmten Techniken in das Unterbewusstsein von Menschen einzuklinken und ihnen mit gewissen positiven Zusprüchen helfen zu können, war schon fast mystisch. Aber es klappte. In der Hypnotherapeuten-Ausbildung bei Dr. Norbert Preetz lernte ich alles, was man brauchte, auch die Selbsthypnose, welche mir später sehr weiterhalf.

Am 12.7. 2014 überkam mich das Schicksal erneut, diesmal nach einem anstrengenden Kongresstag. Es war heiß und das noch gegen 18.00 Uhr. Ich aber ließ mich auf ein Läufchen durch den Wald ein. Diese Entscheidung war leider nicht gut, denn ich lief mich im wahrsten Sinne des Wortes „trocken". Denn ich hatte nicht ausreichend Flüssigkeit zu mir genommen. Ich erlitt einen erneuten Hirninfarkt und musste wiederum ins Krankenhaus. Das Therapieprozedere ging von vorne los und es funktionierte erneut. Nach drei Stunden konnte ich alles wieder bewegen und wenige Zeit später entließ ich mich selbst aus der Klinik.

Der Hirninfarkt – von der Ursache bis zur Rehabilitation

Als Schlaganfall (auch Gehirnschlag genannt) wird eine plötzlich auftretende Erkrankung des Gehirns bezeichnet, die oft zu einem anhaltenden Ausfall von Funktionen des zentralen Nervensystems führt und durch kritische Störungen der Blutversorgung des Gehirns verursacht wird.

Jährlich erkranken in Deutschland 270.000 Menschen an einem Schlaganfall. Somit gehört der Schlaganfall zu den häufigsten Erkrankungen in Deutschland und ist auch die dritthäufigste Todesursache hierzulande.

Dem Schlaganfall liegt ein plötzlicher Mangel der Nervenzellen an Sauerstoff und anderen Substanzen zugrunde. Grob unterscheiden lassen sich die plötzlich auftretende Minderdurchblutung, durch eine Gefäßverengung oder einen Gefäßverschluss, sowie eine Blutung ins Gehirn. Aufgrund des Fehlens des Blutes in nachgeordneten Regionen kommt es zu einer Ischämie, also einer Unterversorgung mit Blut im Gehirn.

Die Unterscheidung zwischen Minderdurchblutung und Blutung ist erst durch bildgebende Verfahren wie Computertomographie (CT) oder Magnetresonanztomographie (MRT) sicher möglich, wobei in der ersten Stunde beide Bildgebungsmethoden, insbesondere beim primär ischämischem Hirninfarkt, noch unauffällig sein können. Die Verdachtsdiagnose einer Subarachnoidalblutung, welche infolge einer geplatzten Arterie entsteht, kann insbesondere bei nur milder Symptomatik durch Nachweis von Blutbestandteilen im Nervenwasser bei der Lumbalpunktion bestätigt werden.

Kürzer als 24 Stunden andauernde Minderdurchblutungen ohne sichtbare Folgen wurden früher als transitorisch-ischämische Attacke, kurz TIA, bezeichnet. In den Leitlinien der Deutschen Gesellschaft für Neurologie wird darauf hingewiesen, dass die massive Differenzierung von TIA und vollendetem ischämischem Schlaganfall als überholt gilt; gleichwohl wird sie in manchen Lehrbüchern noch erwähnt. Gründe dafür sind, dass auch bei vielen Patienten mit einer sogenannten TIA Hirnschäden nachweisbar sind und dass das Risiko für einen Re-Infarkt nach TIA und vollendetem Schlaganfall etwa gleichgroß ist. Abgesehen von der Frage der Thrombolyse sollen sowohl vollendete Schlaganfälle, als auch früher als TIA bezeichnete Zustände gleich behandelt werden. Der Begriff, länger als 24 Stunden, aber kürzer als drei Wochen anhaltende Befunde soll ebenfalls nicht mehr angewendet werden, da dies bereits einem manifesten Schlaganfall entspricht. Gleiches gilt für die Beschreibung eines partiell irreversiblen ischämischen, neurologischen Syndroms.

Symptome

Als Zeichen eines Schlaganfalls können plötzlich, je nach Schweregrad auch gleichzeitig, mehrere Symptome auftreten:

- Sehstörungen, Doppelbilder
- Fehlende Wahrnehmung eines Teils der Umwelt oder des ganzen Körpers (Neglect)
- Schwindel, Übelkeit, Erbrechen, Gangstörungen, Gleichgewichtsstörungen, Taubheitsgefühl

- Lähmung oder Schwächung im Gesicht, in einem Arm, in einem Bein oder in einer ganzen Körperhälfte
- Verwirrung, Sprach-, Schrift- oder Verständnisstörungen
- Stärkster Kopfschmerz ohne erkennbare Ursache
- Schluckstörungen
- Orientierungsstörungen

Ursachen

- Arterielle Embolie durch Blutgerinnsel
- Thrombosen der venösen Abflussgefäße
- Gefäßverengung durch Gefäßverkrampfungen
- Gefäßrisse spontan
- Spontanblutungen
- Subarachnoidalblutungen

Therapie

Schlaganfallpatienten, auch Verdachtsfälle, sollten unverzüglich ärztlich untersucht werden. Die sogenannte door-to-needle time (Zeitspanne innerhalb der die Thrombolysebehandlung begonnen sein muss) liegt bei 4,5 Stunden nach dem Schlaganfall. Nach dem unverzüglichen Absetzen eines Notrufes sollte der Patient beobachtet und mit erhöhtem Oberkörper gelagert werden. Keine körperliche Belastung. Nichts trinken, nichts essen, da eine Aspirationsgefahr[1] besteht. Das bedeutet, dass das Gehirn den Schluckvorgang

---

[1] Gefahr des Eindringens eines flüssigen oder festen Stoffes oder Gemisches direkt über die Mund- oder Nasenhöhle in die Lunge.

nicht mehr richtig steuern kann und so die Gefahr des Verschluckens besteht.

In vielen Fällen gelingt es, durch intravenöse Verabreichung von Medikamenten ein evtl. vorhandenes Blutgerinnsel aufzulösen und das Gehirn vor einem dauerhaften Schaden zu bewahren. Eine frühe Thrombolyse verbessert nachweislich die Prognose des Patienten.

Ein recht neues Verfahren, die Neurothrombectomie, entfernt mechanisch mit einem Katheter das Blutgerinnsel im Gehirn. Mehr als 60 % der Patienten mit großen Schlaganfällen können nach der Katheterbehandlung nach drei Monaten wieder ein eigenständiges Leben führen. Bei der medikamentösen Therapie liegt die Quote bei etwa nur 15 %. Gerade für Patienten, bei denen ein Blutgerinnsel ein großes Gefäß des Gehirns verschließt, ist die Thrombectomie wirkungsvoll. In ca. 90 % der Fälle kann das Gefäß wieder eröffnet werden. Die Neurothrombectomie kann bei etwa 10 bis 15 % der Schlaganfälle eingesetzt werden. Bislang wird dieses Verfahren nur in wenigen Kliniken in Deutschland angeboten. Die Überlegenheit des Katheters gegenüber der medikamentösen Therapie ist wahrscheinlich. Sie konnte bisher aber noch nicht statistisch nachgewiesen werden.

Prävention

Ein wichtiger Faktor für das Risiko, einen Schlaganfall zu erleiden, ist der individuelle Lebensstil. Vor allem ein normaler Blutdruck, gute Blutzuckerwerte und Nikotinabstinenz zeigen einen positiven Effekt auf das Schlaganfallrisiko. Allein der gut eingestellte Blutdruck vermindert das Schlaganfallrisiko um 60 %. Aspekte eines gesunden Lebensstils sind körperliche Aktivitäten, Vermeidung von Übergewicht, normale Cholesterinwerte und eine gesunde Ernährung.

Im Rahmen der Ursachensuche, und damit im Sinne der Prävention nach einem Schlaganfall, sollte auch nach einem Vorhofflimmern gesucht werden. Hierbei wird ein Untersuchungszeitraum von 24 bis 72 Stunden empfohlen. Beim Nachweis von auch nur zeitweise auftretendem Vorhofflimmern sollte eine Gerinnungshemmung mit Marcumar© oder einem anderen Antikoagulans erfolgen.

Auch die Suche nach einem POF (offenes Foramen ovale, Loch in der Herzscheidewand) sollte durchgeführt werden, um eine entsprechende Sekundärprävention zu betreiben.

Rehabilitation

Die Rehabilitation von Patienten mit Krankheiten des Gehirns beginnen idealerweise postakut in spezialisierten Behandlungszentren, sogenannten Stroke Units. Rehabilitative Ansätze wie das des Bobath-Konzepts erfordern ein hohes Maß an interdisziplinärer Zusammenarbeit und sind bei konsequenter Ausführung für den Rehabilitationsverlauf maßgeblich mitverantwortlich. Ein neuer und wissenschaftlich mehrfach validierter Ansatz ist die Forced-use-Therapie, bei der durch Immobilisation des gesunden Armes der Patient zum Gebrauch der kranken Hand gezwungen wird.

Diese Therapiemethode ist auch bei schwer betroffenen Patienten und im chronischen Stadium einsetzbar. Die Methode ist im deutschsprachigen Raum auch als „Tauchsche Bewegungsinduktion“ bekannt.

Das Mediastrombahngebiet unseres Gehirns

Die Arteria cerebri media[2] ist eines der drei arteriellen Hauptgefäße des Gehirns. Sie ist der seitwärts gerichtete Endast der inneren Halsschlagader, der Arteria carotis interna[3].

Die Arteria cerebri media ist das größte hirnversorgende Gefäß und beliefert die seitlichen Flächen von Stirn-, Schädel- und Schläfenlappen des Gehirns. Ferner fallen unter ihr Versorgungsgebiet auch wichtige Schaltzentren im Zwischenhirn wie Teile des Thalamus, der benachbarten Basalganglien sowie die Capsula interna und die Inselrinde.

Schlaganfälle befallen häufiger das Versorgungsgebiet der Arteria cerebri media (Mediainfarkt) als das der anderen Hirnarterien. Sie äußern sich in der Regel mit gesichts- und armbetonter Halbseitenlähmung und Spastik der gegenüberliegenden Körperhälfte sowie Gefühlsstörungen der entsprechenden Körperzone. Gesichtsfeldstörungen, Sprachstörungen, Neglect und Apraxie treten ebenfalls häufig in diesem Zusammenhang auf.

---

[2] Direkte Fortsetzung der Halsschlagader in das Gehirn

[3] Innere Halsschlagader

Der Tag, an dem ich mein Ich verlor

Der 3. September 2014 ist ein trüber Frühherbsttag. Mein Tag startet um 6.00 Uhr mit meinem morgendlichen Lauf durch die Natur, dem Besorgen der Brötchen für meine Lieben und den weiteren Vorbereitungen für den Tag.

Meinen Kaffee genoss ich bei meinem kleinen Sohn Jonas Amadeus, der es liebte, nach dem Aufstehen sofort in sein Zimmer zu stürmen und mit seinen über alles geliebten Müllfahrzeugen zu spielen. Er ist so ein wunderbarer, kleiner Mensch, voller Liebe, Freude und einem unbeschreiblichen Strahlen, was der Sonne im Hochsommer gleicht. Nachdem wir alle Mülleimer in unserer Straße geleert hatten, musste ich mich von meinen beiden Lieblingen verabschieden und ich machte mich auf den Weg in die Praxisklinik.

Zunächst gestaltete sich alles wie immer. Ich betrat die Klinik, machte meinen üblichen Kontrollgang, besprach mit unseren Mitarbeiterinnen die Eckpunkte des Vormittages, klärte mit unserer ersten Fachkraft die schon angefallenen Fragen und los ging es. Ein Patient nach dem anderen. Ich ließ mich nicht aus der Ruhe bringen, denn ich hatte mir klar gemacht, dass es das alles nicht wert ist.

Rasend schnell kam der Mittag und schließlich der Abend, auf den ich mich immer wieder aufs Neue freute. Es war immer wieder das Highlight jedes Tages, denn ich sah meinen kleinen Engel Jonas wieder.

Gegen 17.30 Uhr setzte ich mich in meinen Wagen. Irgendetwas war anders, aber was es war, konnte ich nicht definieren. Ich startete den Motor, die 8 Zylinder dröhnten und mein, wie meine Frau zu pflegen sagte, „Panzer“ setzte sich in Bewegung in Richtung Heimat. Natürlich war ich müde von dem Tag, aber nicht so außergewöhnlich, dass ich sagen konnte, es störe mich.

An diesem Abend trafen wir uns mit meinen Schwiegereltern und wollten gerade das Abendessen beginnen, als ich plötzlich eine ungewöhnliche Leere im Kopf verspürte. Es war ein Gefühl, als hätte ich an der linken Stirnseite, in der Nähe der Schläfe ein Loch, aus dem meine Gedanken, mein Wissen und mein Ich einfach herausflossen. In diesem Moment bemerkte meine Schwiegermutter einen herabhängenden Mundwinkel und gab meiner Frau, die gerade mit unserem kleinen Sohn beschäftigt war, ein Zeichen. Ich höre noch heute ihre Worte in meinen Ohren: „Mama, geh mit dem Kleinen nach oben, sofort!"

Mein Schwiegervater und meine Frau schleppten mich zum Sofa, auf dem ich zusammensackte.

Obwohl oder vielleicht gerade deshalb, dass meine Frau schon zweifache Übung in allem hatte, brach sie in Tränen aus. Wir beide wussten, dass die Chancen auf Überleben sehr gering waren, denn dies hatte Prof. Dr. Böhm aufgrund der vorherigen Anfälle und der hoch dosierten Blutverdünnungsmittel im letzten Gespräch ziemlich deutlich dargelegt.

Meine Gedanken waren verschwunden, ich war nicht mehr ich. Ich starrte wie versteinert an die Decke und meine Versuche, einen klaren Gedanken zu fassen, was jetzt zu tun sei, ließen mich immer und immer wieder im Stich. Es ging nicht. Nach kurzer Zeit alarmierte meine Frau die entsprechende Rettungskette und alles ging von vorne los. Einfach alles, nur noch schlimmer.

An die Fahrt nach Braunfels kann ich mich nicht mehr erinnern. Nicht einmal daran, welcher der Ärzte mich dort in Empfang nahm und behandelte. Aber an die CT-Aufnahme, die beunruhigenden Gesichter und aufgeregten Menschen, die allgemeine Unruhe – daran kann ich mich noch gut erinnern. Plötzlich hörte ich im Hintergrund Stimmen, die fragten: „... hat er die Tabletten auch genommen?" Es war Dr. Lenzen, der diensthabende Oberarzt, der feststellen musste, dass die schon zweimal durchgeführte Lyse als Therapie bei der aktuellen Medikation nicht mehr infrage kam. „Er wird uns verbluten, wir müssen andere Wege einschlagen.“

Die Thrombolyse als Therapie Nr. 1

Die Lysetherapie gilt derzeit als die einzige effektive Therapiemaßnahme bei akutem ischämischem Schlaganfall – dieser wird durch ein Blutgerinnsel ausgelöst, dass eine Hirnarterie verstopft. Bei der Lysetherapie wird dem Patienten ein Medikament verabreicht, welches das Gerinnsel auflösen soll. Die Behandlung soll innerhalb der ersten Stunden nach Auftreten der Symptome begonnen werden. Einige Experten fordern einen häufigeren Einsatz dieser Therapie, die aber nicht ohne Nebenwirkungen ist.

Was passiert bei einer Lysetherapie?

Bei der systemischen Lysetherapie werden dem Betroffenen Medikamente verabreicht, die bei einem ischämischen Schlaganfall das verantwortliche Blutgerinnsel auflösen können. Als Wirkstoff kommt bspw. ein bestimmtes Enzym wie Urokinase infrage. Dieses gelangt über die Blutbahn zum sog. Thrombus, der die Hirnarterien verstopft, und baut diesen ab. Alternativ wird bei der Lysetherapie ein Wirkstoff verabreicht, der körpereigene Stoffe aktiviert, die einen ähnlichen Effekt erzielen. Entscheidend bei dieser Behandlung ist das frühzeitige Erkennen der Schlaganfallsymptome. Wird die Lysetherapie innerhalb der ersten drei Stunden nach Aufleben der Symptome ausgeführt, lassen sich die meisten Erfolge erzielen. Bei Ablauf von 4,5 Stunden ist eine solche Therapie in Europa nicht mehr zugelassen. Die Behandlung sollte zudem nur in erfahrenen Schlaganfallzentren durchgeführt werden.

Lokale Therapie möglich

Alternativ kann die Therapie auch lokal angewendet werden. Hierbei erfolgt die Verabreichung der Medikamente direkt am Blutgerinnsel, indem ein Katheter dorthin verlegt wird. Auch hier zählt jede Minute, denn die besten Erfolgschancen verspricht eine Behandlung innerhalb von drei Stunden nach Auftreten der ersten Symptome. Die lokale Lysetherapie wird allerdings in nur wenigen Krankenhäusern in Deutschland durchgeführt.

Welche Nebenwirkungen können auftreten?

Die Lysetherapie bei einem Schlaganfall ist allerdings nicht unumstritten, da es einen nicht unerheblichen Einfluss auf die Blutgerinnung hat. Akute Lebensgefahr kann bspw. von Hirnblutungen ausgehen, deren Risiko aufgrund des herabgesetzten Gerinnungsfaktors steigt. Die Lysetherapie sollte ebenso nicht bei Patienten eingesetzt werden, die innerhalb der letzten drei Wochen operiert wurden oder die an Magengeschwüren leiden. Zu der Risikogruppe zählen zudem Schlaganfallpatienten, die älter als 80 Jahre alt sind.

Experten: Lysetherapie bei Schlaganfall häufiger einsetzen!

Wie die Ärztezeitung berichtet, sprechen sich Experten der Deutschen Gesellschaft für Neurologie und der Deutschen Schlaganfallgesellschaft mittlerweile aber dafür aus, die Lysetherapie häufiger als bisher einzusetzen. Vor allem bei älteren Patienten, die bisher von der Therapie ausgeschlossen wurden, ließen sich gute Behandlungserfolge erzielen, unter bestimmten Voraussetzungen sogar größere als bei jüngeren Patienten.

Ebenso sprechen sich die Experten dafür aus, Zeitfenster für die systemische Lyse über die bisher festgelegten 4,5 auf 6 Stunden auszuweiten, da auch hier mit größeren Chancen eine erfolgreichere Rehabilitation zu rechnen sei.

Der Weg meiner Rettung

Mir ist kalt, unsagbar kalt. Zugedeckt mit einem dünnen, weißen Laken stehe ich bei offener Tür im Raum des CTs und warte. Es gleicht einer Bahnhofshalle. Ich habe Sehnsucht nach meiner Frau, einer vertrauten Person, die mir Wärme und Zuversicht gibt – doch sie darf nicht zu mir. Gedanken an den Tod, an meine Vergangenheit und meine Familie machen sich breit. Etwas entfernt höre ich, wie die Ärzte sich unterhalten und auf eine angeforderte zweite Oberärztin, Frau Dr. Sünkeler, warten.

Plötzlich werde ich in einen anderen Raum gefahren. Auf die Frage „Wie geht es Ihnen?“ vermag ich fast keine Antwort zu geben. Sie macht mich innerlich wütend. Wie soll es einem Menschen, einem Kollegen gehen, der auf einer schmalen, kalten Liege liegt, kaum einen klaren Gedanken fassen kann und auf das weitere Vorgehen wartet. Bleibe ich gelähmt, werde ich wieder arbeiten können, um meine Familie zu ernähren, werde ich wieder meinen Patienten beiseite stehen können? All diese Dinge schossen mir wie Blitze durch den Kopf. Wie soll es mir da gehen?

„Herr Dr. Herr, wir können hier im Hause für Sie nichts mehr tun. Eine erneute Lyse-Therapie bei Ihrer Medikation würde Sie das Leben kosten. Unsere Überlegungen gehen derzeit dahin, sie nach Frankfurt in die Universität zu verlegen.“ Das waren die Worte von Dr. Lenzen.

Meine Frau und ich sahen uns an. Ihre verzweifelten und entsetzten Gesichtszüge sagten mir mehr als tausend Worte. Nach einer Weile kam Frau Dr. Sünkeler zu mir. „So, Herr Dr. Herr, in der Universität in Frankfurt stehen derzeit leider keine Betten zur Verfügung. Wir haben nun einen Platz im Nord-West-Krankenhaus bekommen können. Die dortigen diensthabenden Kollegen scheinen sehr kompetent zu sein und wir haben Ihren Fall ausführlich diskutiert. Jetzt brauchen wir nur noch einen Helikopter, der sie schonend und zügig dorthin bringen kann."

Dies gestaltete sich allerdings äußerst schwierig, denn alle waren im Einsatz oder gerade von einem zurückgekehrt und noch nicht wieder einsatzbereit. Schließlich mussten wir auf den konservativen Transportweg zurückgreifen und ich wurde in den Rettungswagen verlagert. „Alle Kollegen auf dem Notarztwagen sind im Einsatz, daher werden Sie von zwei sehr erfahrenen Sanitätern auf dem schnellsten Weg nach Frankfurt gebracht. Ich wünsche Ihnen alles Gute". Das waren die letzten Worte, an welche ich mich von Braunfels erinnern kann.

Überraschend hörte ich eine Stimme sagen „Wilfried? Was machst Du denn für Sachen?" Es war mein alter Sanitätskollege Thomas Hahn. Gemeinsam mit einem Kollegen war er der erfahrene Sanitäter, der nun die Verantwortung für den medizinischen Werdegang hatte. Kaum konnte ich ihm antworten, ging die Fahrt auch schon los. Sie war schrecklich. Thomas versuchte, mich mit seinen Worten und Erzählungen bei Laune zu halten, doch mich interessierte das alles nicht. Ich hoffte und betete, endlich im Krankenhaus anzukommen und schnellstmöglich wieder entlassen zu werden. Doch dieser Wunsch blieb, wie sich später herausstellte, unerfüllt.

Nach Mitternacht kamen wir im Nord-West-Krankenhaus an. Zeitnah fuhr auch meine Frau mit unserem PKW auf den Parkplatz. Ein kleiner Lichtblick. Gleichzeitig verabschiedete sich Thomas bei mir und schon war ich in der radiologischen Abteilung zum Angio-MRT (Gefäßdarstellung durch Kernspintomographie). Zügig kamen die dortigen Kollegen auf uns zu und erklärten, natürlich in Medizindeutsch, den Ernst der Lage.

„Die einzige Chance, die Sie derzeit haben, ist die neuroradiologische Interventionstherapie (Entfernung eines Thrombus mittels

Katheter). Hier werden wir mit einem Katheter über die Leiste, durch die Hauptschlagader bis in den betroffenen Bereich im Gehirn vordringen und versuchen, die Verschlüsse dort zu lösen. Laut der Bilddarstellung haben wir allerdings ein Hindernis zu umschiffen." Auf der rechten Seite der Hauptschlagader (Arteria carotis interna – kurz ACI) befand sich ein nicht gerade kleiner Thrombus, von dem sich beim Durchgehen mit dem Katheter Teile lösen könnten und einen erneuten, lebensbeendenden Schlaganfall verursachen könnten.

Kurz schauten meine Frau und ich uns an, denn uns beiden war klar, dass nur diese eine Chance, wenn auch mit einem hohen Risiko behaftet, bleiben würde. Also stimmte ich der Durchführung zu.

Alles ging Schlag auf Schlag. Für eine Verabschiedung von meiner Frau war kaum Zeit, und so gaben wir uns nur einen flüchtigen Handkuss.

An meine Empfindungen im Operationsbereich vermag ich kaum einen Gedanken verschwenden. Ich hörte die dramatischen Worte der Kollegen, welche über den Verschluss der Vena cava inferior, der sogenannten unteren Hohlvene, welche allerdings nicht zu den hirnversorgenden, sondern zu den herzversorgenden Gefäßen führte, sprachen. In meinem schon etwas tranigen Zustand mischte ich mich in das Gespräch ein und fügte hinzu, dann öffnen Sie doch die Vene, ohne zu realisieren, dass ich mich hier wohl verhört hatte und auch nicht in der besten Lage war, dies zu beurteilen.

Katheter legen, Infusionslösung vorbereiten, Narkosegas einleiten – schon war ich weg. Weit weg und doch hautnah dabei. Jeden Stoß mit dem Katheter durch mein Gefäßsystem nahm ich wahr. Ich spürte die Blitze in meinem Kopf, welche wie ein Feuerwerk immer wieder entfachten.

Der Eingriff dauerte fünf Stunden. Fünf Stunden, in denen meine Frau im Flur auf mich wartete und hoffte.

Es war wie in einem Film. Kalte, weiße Flure mit hellem, grellem Licht mitten in der Nacht. An der Wand eine Uhr mit weißem Rand, deren Zeiger scheinbar langsamer liefen als je zuvor. Als ihr die Ärzte nach fünf Stunden gegenübertraten, trafen ihre Worte sie wie eine Ohrfeige ins nackte Gesicht. Wir haben den Eingriff abgebrochen. Es war eine sehr schwierige Situation. Einige Gefäße konnten wir gut öffnen, andere jedoch verschlossen sich nach kurzer Zeit wieder. Wir haben unser Bestes gegeben und es immer und immer wieder versucht, aber es war hoffnungslos. Hoffnungslos, Gefäße wieder verschlossen – das alles hörte sich an wie die Titelüberschrift in der BILD-Zeitung.

Der neue Morgen war angebrochen und die Sonne versuchte verzweifelt, ihre Strahlen durch die Wolkendecke zu drücken. Ich war zwischenzeitlich auf die Intensivstation der med. Klinik verlegt worden, da auf der neurologischen ITS derzeit kein Bett zur Verfügung stand. Um das Gehirn zu entlasten, war ich in ein künstliches Koma versetzt worden. Der Druck in meinem Kopf durfte nicht weiter ansteigen. Sollte das passieren, bestehe die Gefahr, dass etwas eingequetscht wird und der entsprechende Schaden groß ist. Dann musste eine sogenannte Trepanation (Aufbohren des Knochens zur Druckentlastung) des Schädelknochens erfolgen. Mehrfach wurden entsprechende Aufnahmen meines inneren Computers gemacht, um dies zu kontrollieren. Aber Gott sei Dank blieb mir das erspart und ich bekam von der ganzen Intensivstation nichts weiter mit.

Nachdem der Druck stabil blieb, setzten die Ärzte die Narkosemittel langsam ab und verlegten mich auf die neurologische Intensivstation. Die Aufwachphase dauerte Stunden und meine Frau machte sich Sorgen, ob ich überhaupt wieder zu mir kommen würde.

Meine ersten Eindrücke von meiner Umgebung waren nicht gerade aufbauend und einladend. Alles glich einem Armeisenhaufen. Alle redeten durcheinander und, aus meiner Sicht, wirres Zeug. Ständig kam jemand zu mir, leuchtete mir in die Augen, sprach mich an und erwartete einen Jubelschrei. Diese Menschen sahen alle so anders aus. Gar nicht mehr wie Menschen, die ich vorher kannte. War ich denn wirklich noch auf dem Planeten Erde oder schwirrte ich bereits in anderen Dimensionen?

Ich stellte fest, dass man mir gegen meinen Willen einen Katheter gelegt hatte und ein Bettseitengitter angebracht worden war. Das machte mich, in meiner immer noch nachwirkenden Narkose, sehr wütend. Niemand bindet mich autonomen Mediziner ans Bett an! Niemand schiebt irgendwelche Schläuche in meinen Körper, ohne mich zu fragen! Leider verstand mich niemand auf dieser Station bzw. man wollte es nicht. Selbst meine Familie, meine Frau und mein großer Sohn Sebastian, halfen mir nicht. Stattdessen erzählten sie mir ständig, dass es nur zu meiner Sicherheit sei.

Stumm und versteinert betete ich: *Wo bin ich Herr? Ich habe keine Energie mehr, keine Kraft! Mein Körper funktioniert nicht mehr!* Doch er erhörte mich nicht. Er quälte mich, hielt mich gefangen in meinem eigenen Körper. Ich fühlte mich leer und willenlos. Jeder Atemzug kostete Kraft. Quälende Schmerzen und dröhnender Donner durchfuhren immer wieder meinen Kopf und der unsagbare Juckreiz schien kein Ende zu nehmen. Ich rieb meine Augen, um die störenden, schwarz-weißen Zacken in meinen Bildern zu korrigieren. Doch auch das gelang nicht. Wo war meine schöne, bunte Welt? Es schien, als sei ich nicht mehr ich. Mit der Schädigung in meinem Gehirn verlor ich auch mein Zeitgefühl. Nichts hatte mehr einen Anfang oder ein Ende.

Die Geräusche, die ich hörte, machten mich nachdenklich. Das kontinuierliche Zischen der Maschinen kam mir bekannt vor. Es waren die Beatmungsmaschinen, die gleichmäßig Luft in einen fast leblosen Körper pumpten. Wann werde ich an diese Maschinen kommen? Wann wird man mir eine Sonde zur künstlichen Ernährung legen? Alles, was ich von meinen Bettnachbarn mitbekam, war dieses Zischen und Gurgeln beim Absaugen des Schleims. Eine Unterhaltung konnte hier nicht stattfinden.

Es wurde Abend und meine Frau trat den Heimweg an. Die Zeit bis zum nächsten Morgen schien kein Ende zu nehmen. Es gab keine Kommunikation, nur Piepsen und Zischen. Und wieder diese Kopfschmerzen, dieses maßlose Donnern in meinem Kopf. Meine Stimme hatte ich nicht verloren, und so konnte ich, im Gegensatz zu meinen „Kollegen" links und rechts von mir, nach einem Schmerzmittel verlangen.

Mir fehlte mein kleiner Sohn, sein klingendes Lachen, seine Schreie, wenn er sich freute, sein Nörgeln, wenn man ihn aus seinem Spiel riss, um zu Abend oder Mittag zu essen – es war nicht da. Zu meinem Glück lebten meine Frau und ich fast seelenverwandt miteinander und sie brachte am nächsten Morgen seinen in der Nacht vorher getragenen Schlafanzug und ein kleines Bärchen von unserem Sonnenschein mit. Das war für mich eines der größten Ereignisse in meiner widerlichen Situation. Noch nicht einmal waschen, alleine auf Toilette gehen oder rasieren konnte ich mich. In meinem Dickkopf ließ ich mich natürlich auch nicht von den Schwestern und Pflegern waschen, was für ein positives Auskommen mit ihnen nicht förderlich war. Nur meine geliebte Frau durfte meinen Körper berühren. Es waren schon zu viele Menschen, die dies bisher, teilweise auch ohne Zustimmung, getan hatten. Obwohl meine Frau die eigentliche Arbeit übernommen hatte, war ich nach der morgendlichen Waschaktion fix und fertig. Und wieder hatte ich Kopfschmerzen, schlimmer noch als vorher. Ich konnte doch nicht schon wieder nach einem Schmerzmittel verlangen, das halten meine Nieren nicht aus. Solche Gedanken gehen einem dann als Mediziner durch den Kopf. Bei der Visite berichteten das Pflegepersonal und meine Frau über diese immer wieder und immer stärker auftretenden Kopfschmerzen, was auch die Ärzte beunruhigte. „Herr Dr. Herr, wir werden noch eine Aufnahme von Ihrem Kopf machen, um eventuelle Komplikationen abzuklären. Sollte es so sein, dass der Druck in Ihrem Gehirn gestiegen ist, müssen wir eine Trepanation durchführen. Das bedeutet ..." Ich unterbrach den Kollegen und fügte hinzu: „Ich weiß, was das bedeutet. Ich kann mich zwar nicht bewegen, aber mein medizinisches Wissen ist noch sehr gut vorhanden." Ja, und das war tatsächlich so. An gewisse Ereignisse aus meinem Kurzzeitgedächtnis konnte ich mich nicht erinnern, aber alles, was ich in meinem Langzeitgedächtnis abgespeichert hatte, war vorhanden. Die Untersuchung wurde durchgeführt, und zu meiner Überraschung war in meinem Kopf alles soweit in Ordnung. Wenn man das in meinem Zustand so sagen darf.

Die Sonne ging auf und die Sonne ging unter. Nur daran konnte ich erkennen, dass ein Tag verging und ein neuer Tag kam. Alles war ein Kreislauf.

Glücklicherweise hatte sich mit den Tagen mein Zustand so stabilisiert, dass ich die Intensivstation verlassen konnte und auf die Stroke Unit Station verlegt wurde. Hier konnte man von Stille sprechen. Kein ständiges Gewühle oder Zischen. Es war eine Wohltat.

Endlich konnte ich mein Bett so einstellen, dass ich einigermaßen bequem liegen und etwas schlafen konnte. Endlich hatte ich keine Verkabelungen mehr an mir, die mein Inneres aufzeichneten. Alleine diese Dinge waren für mich schon ein Fortschritt. Ein Fortschritt in die richtige Richtung.

Ich war müde, so maßlos müde und doch konnte ich nicht schlafen. Ich lag da, starrte zum etwas entfernten Fenster hinaus und fragte immer wieder den Herrn nach dem Warum. Warum musste ich all dies über mich ergehen lassen? Warum musste ich so leiden?

Zugegeben, ein Engel war ich in meinem Leben vor dem Hirninfarkt nicht gerade, aber ich hatte auch vielen Menschen helfen können und auch meine erste Frau Anita hatte ich trotz unserer Trennung nie im Stich gelassen. Also was war es? Was hatte ich falsch gemacht? Je mehr ich nachdachte und darüber grübelte, desto mehr sank ich in meine Vergangenheit. Ich erlebte Augenblicke mit meinen Kindern Melanie und Sebastian, ich durchlebte die Anfangszeit der Praxisübernahme und ich verbrachte Stunden mit Anita. Man konnte fast sagen, ich machte eine Reise in die Vergangenheit. Ich erlebte plötzlich Momente wieder, an welche ich nie mehr gedacht hatte und welche schon längst gelöscht zu sein schienen.

Oft holte mich meine Frau wieder aus meinen Träumen zurück und fragte mich, was denkst du? Aber ich konnte ihr darauf keine Antwort geben. Oft, sehr oft, war meine Antwort einfach nichts.

Auf der Stroke Unit Station angekommen dauerte es nicht lange und ein Team von Physio- und Ergotherapeuten stellte sich vor. So still im Bett liegend empfand ich mich als unheimlich stark und leistungsfähig. Aber an der Bettkante sitzend empfand ich dies ganz und gar nicht mehr. Alles um mich herum drehte sich, mir wurde unsagbar schlecht und ich hätte mich am liebsten übergeben. Meine linke Seite nahm ich nicht wahr und so kippte ich einfach weg. Es gab keine Mitte, mehr an der ich mich orientieren konnte bzw. sie war verschoben. Mein Langzeitgedächtnis wusste zwar, dass es eine rechte und linke Körperhälfte gab, aber mein Jetzt und Hier, meine visuelle Wahrnehmung, konnte dies nicht glauben und blendete die linke Seite einfach aus. Bereits das Aufsetzen bereitete mir schon wieder so starke Kopfschmerzen, dass ich nach einem Schmerzmittel verlangte. Und das nannte ich stark. Immer und immer wieder wischte ich mir die Augen. Die Menschen sahen einfach anderes aus. So abgehackt. Ich setzte meine Brille ab und wieder auf, lies sie putzen – nichts half. Die Bilder blieben einfach zerrissen. Selbst das

Hören machte mir Schwierigkeiten. Oft verstand ich Wörter falsch und antwortete dann entweder gar nicht oder so wirres Zeug, dass mein Gegenüber denken musste, dass ich nicht anwesend sei.

Durch die Zerstörung gewisser Nervenbahnen fiel es mir schwer, mich in das Jetzt und Hier einzufinden und dem Gesprochenen zu folgen. Leichter fiel mir dies, wenn ich in Bildern dachte und diese mit vergangenen Erlebnissen verknüpfte. Die schnelllebige, hastige Zeit, die Zeit, wo ich mit 300 km/h über die Autobahn raste, war vorbei. Ab jetzt hieß es, jedes Wort genau zu analysieren und zuzuordnen und das ging nur noch im Schritttempo. Wie eine Schnecke schien ich mich nicht nur zu bewegen, sondern auch zu denken.

In meinen Vorstellungen waren meine Bilder als Ganzes und wunderschön bunt zu erkennen. In der Gegenwart waren es kleine, schwarze und weiße Punkte, von einem grauen Schleier belegt und kaum erkennbar. Manchmal fehlten auch so viele dieser Punkte, dass eine Darstellung von Bildern kaum mehr möglich war. Alles auf der linken Seite war verloren. Sie schien tot zu sein. Und wenn sie tot war, wollte ich sie auch nicht mehr besitzen.

Trotz meiner unbeherrschbaren Schwäche kamen jeden Morgen die Therapeuten und quälten mich. Immer und immer wieder. Und immer und immer wieder wurde mir schlecht oder ich kippte weg. Ich empfand alles als Stillstand und nicht als Fortschritt. Das Physiotherapeutenteam hingegen bezeichnete mich fast als ein Wunder. Ein Wunder – die wollten mich wohl auf den Arm nehmen. In den nächsten Tagen zeigte sich aber tatsächlich, dass der Sport, den ich vorher regelmäßig getrieben habe, mein Vorteil im Kampf gegen diese Krankheit war. Mein Zustand hatte sich soweit stabilisiert, dass man an eine Verlegung nach Braunfels in die BDH-Klinik dachte. Ich war so froh. Ich kam der Heimat ein Stück näher. Ich kam meinem über alles geliebten Jonas Amadeus näher. Gedanklich packte ich schon meine Koffer und war auf dem Weg. Aber so schnell ging es dann doch nicht. Leider war dort derzeit kein Bett frei und ich musste noch einige Tage in Frankfurt verweilen. Aber dank des kollegialen Einsatzes von Prof. Dr. Böhm ging es dann doch schneller als gedacht. Dafür danke ich ihm noch heute.

Die neurologische Interventionstherapie

Viele Erkrankungen der Gehirn- und Rückenmarksgefäße lassen sich heute auf dem Gefäßwege von innen behandeln. Durch solche neuroradiologischen Interventionen kann in einigen Fällen eine Operation vermieden werden. Zum anderen können damit unter Umständen Erkrankungen behandelt werden, die bei einem offenen Zugang nicht oder nur mit größerem Risiko möglich sind.

Schlaganfälle werden in der Regel durch Blutgerinnsel in Gehirngefäßen verursacht. In einigen Fällen können diese Blutgerinnsel über einen Mikrokatheter, der bis an das verschlossene Gehirngefäß vorgeführt wird, wieder aufgelöst und damit ein schwerer Gehirnschaden verhindert werden.

Um Schlaganfällen vorzubeugen, können Verengungen der Halsschlagader durch Einbringen von Gefäßprothesen (Stents) erweitert werden. Seit einigen Jahren ist es auch möglich, Verengungen der Blutgefäße im Kopf mit Mikrostents zu behandeln.

Die Verlegung

Es war Freitag, der 12.09.2014, gegen 15 Uhr und ich wartete auf den Transportdienst. Die Fahrt von Frankfurt nach Braunfels glich einer Achterbahnfahrt. Wenigstens musste ich nicht wie auf der Hinfahrt liegend transportiert werden, sondern durfte sitzen. Mir war schlecht, so schlecht. Die scheinbar grauen, abgerissenen Gebilde rauschten so schnell an mir vorbei, dass meine Sehkraft nicht in der Lage war, zu erkennen, was es ist. Die Fahrer des Wagens waren nett, aber der Gestank in ihrem Fahrzeug unausstehlich, so unausstehlich, dass ich den frischen, ja für mich schon kalten, durch das offene Fenster hineinwehenden Wind in Kauf nahm, obgleich ich Angst hatte, mir zusätzlich zu meinem Leid noch eine Lungenentzündung einzufangen. Nach einer für mich halben Ewigkeit kamen wir endlich in Braunfels an. Ich war froh, die Fahrt ohne Komplikationen überstanden zu haben und wieder eine vertraute Person – meine Frau – zu sehen.

Meine Freude wieder in Braunfels sein zu dürfen, war plötzlich etwas getrübt und ich war nicht mehr so positiv gestimmt wie noch vor ein paar Tagen in Frankfurt. Ich betrat nun schon zum dritten Mal als Patient das Haus und nicht als Kollege oder behandelnder Arzt. Nun war ich den Kollegen in Weiß ausgesetzt. Und dieser Gedanke machte mir Schwierigkeiten. Welche Patienten werde ich wohl treffen. Was werden sie über ihren Doktor denken?

Ich war ein Häufchen Elend. Eine halbe Persönlichkeit mit kaputtem Computersystem und ängstlicher Aura. Nicht mehr der euphorische Arzt und Chef, der ich einmal war. Ich kam mir vor, als sei ich ein Nichts. Ein Klumpen Masse, welcher nicht mal mehr in der Lage war, sich alleine zu versorgen, geschweige denn sich um andere zu sorgen, angewiesen auf die Hilfe fremder Menschen. Nun konnte ich mehr und mehr meine alten und kranken Patienten in den Pflegeheimen verstehen. Abgestellt und auf den Zug zur letzten Reise wartend, vegetierten viele einfach vor sich hin. Und nun war ich dran. Ich sollte nun selbst erfahren, wie es vielen anderen Menschen ergeht.

Ich betrat mein Zimmer und das Erste, was ich dort sah, war der

Rollstuhl. Dieser verdammte Rollstuhl, den ich ganz und gar nicht akzeptieren wollte. Nach wenigen Minuten der Ankunft kam bereits Prof. Dr. Böhm, der leitende Chefarzt des Hauses zu mir. Wir hatten uns nur wenige Tage vor dem letzten Crash noch hier zur Nachuntersuchung und Besprechung getroffen. Und nun trafen wir uns wieder, aber diesmal zum Vorgespräch eines langen, steinigen Genesungsweges.

Sein Entsetzen, mich so zu sehen, stand auch ihm wahrlich ins Gesicht geschrieben. Ziemlich betroffen, aber doch sachlich und ruhig, machte er sich ein Bild und setzte entsprechende Therapien an. Die erste Therapie, welche ich bis Montag durchmachen musste, war die Einsicht zu gewinnen, dass ich Zeit und Geduld benötige. Worte, die ich nicht mehr hören wollte und konnte. Ich hatte keine Zeit. Ich habe eine gut gehende Praxisklinik mit schwer- und schwerstkranken Menschen, welche es galt zu versorgen und ich habe eine Familie. Eine kleine Familie, die ich ernähren muss. Und Geduld habe ich noch nie besessen.

Und so auch jetzt nicht. Ich wollte anfangen zu trainieren. Ich muss mich schnellstmöglichst wieder alleine versorgen können und auf die Beine kommen. Das waren meine Gedanken.

Draußen schien die Spätsommersonne und ich hatte Sehnsucht nach der Natur. Ich würde alles für ein Läufchen durch den bunten Wald oder eine Fahrt mit meinem neuen Fahrrad geben. Es stimmte mich traurig und anstatt mich an den warmen, hellen Strahlen zu erfreuen, wurde ich immer deprimierter. Alles schien sinnlos, kalt und leer.

Es wurde Abend und meine Frau verabschiedete sich. Ich weinte. Wieder war ich alleine. Alleine in Einzelhaft. Ich lag in meinem Bett, starrte an die Decke und freundete mich langsam mit dem dort angebrachten Rauchmelder an. Er teilte offensichtlich das gleiche

Schicksal.

Eine halbe Stunde muss wohl vergangen sein, als ich das erste Mal meine Frau auf ihrem Handy anrief und fragte, wann sie wieder komme. Durch mein gestörtes Zeitgefühl kam mir bereits diese halbe Stunde so vor, als sei sie schon einen ganzen Tag nicht bei mir gewesen.

Eigentlich war ich müde, so müde, dass ich den ganzen Tag und die ganze Nacht schlafen wollte, aber irgendetwas in mir hielt mich davon ab. Ich kam nicht zur Ruhe. Je weniger ich schlief, desto schlimmer schien sich mein Zustand zu gestalten. Meine Augen taten weh und die sowieso schon grauen, lustlosen und gezackten Bilder verschwammen mehr und mehr und ich versank immer tiefer in meiner Vergangenheit. Sie ließ mich nicht los.

Ich machte mir Sorgen. Warum wurde mein Zustand schlimmer, anstatt besser? Was waren das für seltsame Bilder, die ich sah? Je mehr ich nachdachte, desto mehr schien meine Kraft zu schwinden. Kraft die ich eigentlich hätte sammeln sollen für all das, was mir noch bevorstand. Denn das war erst der Anfang.

Es wurde Montag und ich hatte mich wieder etwas zusammengerissen. Neugierig auf das, was mich jetzt erwartete, lag ich bereits um 4.00 Uhr morgens sehnsüchtig wach in meinem Bett. Verärgert klingelte ich nach der Schwester und fuhr sie aufgebracht an, wo denn nun die geplanten Therapeuten blieben. Sie hatte es schwer, mir zu erklären, dass diese für einen späteren Zeitpunkt eingeplant waren. Und so rief ich aufgebracht meine Frau an.

Irgendwie vertrieben mein Freund, der Rauchmelder, und ich uns die Zeit bis meine Frau völlig übermüdet das Zimmer betrat. Kurz nach der Begrüßung klopfte es an der Tür. Es war eine Schwester, welche ziemlich forsch und voller Elan meinte, sie wolle meinen Tag strukturieren. Ihre Worte „wir stellen jetzt erst mal Ihr Bett um und dann liegen sie mal nicht so viel hier herum ...", klingen noch heute in meinen Ohren. Meine Frau und ich schauten uns sprachlos an. Was fiel dieser Person eigentlich ein. Sie kannte mich doch gar nicht. Weder aus meinem früheren Leben noch aus den letzten 24 Stunden. Ich bin kein Mensch, dessen Tag man strukturieren muss oder gar sagen muss, ich soll aus den Federn kommen. Ganz im Gegenteil. Und so sank schon am frühen Morgen die Kraftanzeige meines Körpers um zwei Balken nach unten. Und wieder diese Gedanken, was tue ich hier und warum tue ich mir das an?

Nachdem die Dame meine kleine Einzelzelle aufgeräumt und strukturiert hatte, hatte meine Frau alle Hände voll zu tun, mich wieder aufzubauen.

Ich war unendlich enttäuscht über das flüchtige Hinweggehen von Menschen, die gesund waren und doch eigentlich die Aufgabe hatten, hilfsbedürftigen Menschen in solchen Situationen mit Einfühlungsvermögen Kraft und Ruhe zu vermitteln. Stattdessen ging man mit mir um, als sei ich ein Gegenstand, der, denen nach Möglichkeit so wenig es nur ging auf den Geist gehen sollte. Was ist aus unserer Gesellschaft geworden? Sind alle Menschen so?

Die Erschütterung ließ mich nicht los und wieder rutschte ich weiter in das Tal der Traurigkeit. Bei den folgenden Therapien an diesem Tag war ich gar nicht richtig anwesend und ich kann mich heute nicht mehr daran erinnern, was ich dort eigentlich getan und gesagt habe.

Die Zeit verging und am späten Vormittag roch es nach Mittagessen. Allein diesen Geruch empfand ich als unausstehlich. Ich kämpfte gerade mit der Übelkeit und dem Gedanken mich übergeben zu müssen, als eine Pflegekraft mich in den Speisesaal bat. Also raffte ich mich auf und meine Frau schob mich mit dem Rollstuhl zwei

Türen weiter in den Speisesaal.

Zwei Drittel der Patienten dieser Station waren bereits dort versammelt und versuchten mehr oder weniger, ihr Essen zu sich zu nehmen. Mit Hilfsmitteln ausgestattet versuchte jeder sein Bestes. Ich hingegen saß wie erstarrt vor meinem Essen und stocherte nur darin herum. Mir war bewusst, dass wir alle im gleichen Boot saßen und jeder mit seinen Handicaps zu kämpfen hatte, aber so konnte ich nicht genesen. Obwohl MEINE Freude und Heiterkeit verloren gegangen war, brauchte ich genau das, um wieder auf die Beine zu kommen. Ich brauchte Normalität, vertraute Gegenstände, vertraute Abläufe. Ich bekam keinen Bissen hinunter. Nach wenigen Minuten verabschiedete ich mich von meinen Tischnachbarn und ließ mich von meiner Frau auf mein Zimmer zurückbringen.

„Dort bringe ich Dich nicht mehr hin“ waren ihre Worte, als die Tür ins Schloss fiel. Ich schaute sie nur mit Tränen in den Augen an. So wollte ich nicht enden. So nicht. „Ab morgen bringe ich Dir das Essen mit und wir speisen gemeinsam hier – das musst Du nicht mehr mitmachen“. Es dauerte natürlich nicht lange und einer meiner „Aufpasser“ stürmte in mein Zimmer und interviewte mich, was der Grund meines Verlassens des Speisesaals war. Wie Akademiker manchmal sind, schaltete ich natürlich auf stur und besprach es später bei der Visite mit Prof. Dr. Böhm.

Anfangs wollte er mich nicht verstehen. Erst als meine Frau mit strengem Ton sagte, dass ich in der Umgebung nicht gesunden werde und mehr dazu gehört als nur physikalische Therapien, kam er ins Nachdenken.

In langen Erklärungen machte er uns bewusst, dass ich einen schweren „Neglect“ erlitten hatte. Nun verstand ich, warum ich gewisse Dinge auf der linken Seite nicht wahrnahm, immer wieder nach rechts schaute und auch beim Sitzen immer wieder nach links rutschte. Als Allgemeinmediziner hatte ich in meinem Studium, vor langer, langer Zeit von diesem eigenständigen Krankheitsbild gehört, aber es natürlich durch meine Ausrichtung auf andere Fachgebiete wieder vergessen. Die Tragweite dieser Aufmerksamkeitsstörung war mir so nicht bewusst. Schließlich ergriff meine Frau die Initiative und machte den Vorschlag, mich mit allen Mahlzeiten zu versorgen und auch bei dem Verzehr anwesend zu sein, sodass sie bei Problemen dementsprechend entgegenwirken konnte. Auf diesen Vorschlag ließ der Professor sich ein und somit hatte ich von dieser Minute an eine private Aufsichtsperson. Ich war erleichtert und das Band zwischen meiner Frau und mir zog sich noch enger zusammen. Ich war ihr unendlich dankbar und gleichzeitig fragte ich mich, warum sie das alles für mich tat? Aber ich wusste, sie liebte mich und würde mich nie im Stich lassen.

Neglect – die vernachlässigte Welt

Jährlich erkranken etwa 270.000 Menschen an einem Schlaganfall. Etwa ein Drittel aller Schlaganfallpatienten kämpft mit den Folgen einer tückischen Erkrankung, welche vom Patienten meist nicht wahrgenommen und von den Angehörigen oft missverstanden wird, dem sogenannten Neglect, der halbseitigen Vernachlässigung. Hierbei scheint für den Patienten, infolge einer Schädigung der Gehirnhälfte die gegenüberliegende Raum- und Körperhälfte plötzlich nicht mehr zu existieren. So als habe dieser sie einfach vergessen. Der Patient sieht, hört und fühlt auf dieser Seite nicht mehr, obwohl seine Sinnesorgane intakt sind. Arm und Bein werden jedenfalls nicht mehr beachtet, als ob sie nicht mehr zum eigenen Körper gehörten. Da die Patienten ihre eigene Krankheit nicht wahrnehmen, sind sie oft schwer für eine Therapie zu motivieren, benötigen jedoch intensive Behandlung. Diese findet zunächst in der Klinik statt und muss danach konsequent ambulant fortgeführt werden.

Ein Neglect ist nach Schädigung der rechten Gehirnhälfte häufiger als nach Schädigung der linken Hemisphäre.

Vermutlich ist dies deshalb so, weil die rechte Gehirnhälfte besonders wichtig für die Aufmerksamkeit in beiden Raumhälften ist. Die linke Hirnhälfte ist dagegen nur wichtig für die Aufmerksamkeit der rechten Raum- und Körperhälfte. Besonders nach Schädigungen der rechten Gehirnhälfte ist der Neglect ein häufiges Störungsbild. Etwa 40 bis 60 % der Patienten haben in den ersten drei bis vier Wochen nach einer Schädigung der rechten Seite des Gehirns einen Neglect.

Ferner findet sich dieses Störungsbild bei Patienten, bei denen die linke Seite des Gehirns betroffen ist. Etwa 10 bis 30 % der Patienten mit Schädigung links haben einen visuellen Neglect.

Die ersten drei bis vier Wochen nach einer Schädigung werden auch als Akutphase bezeichnet, in diesem Zeitraum wird ein Neglect am häufigsten festgestellt und auch die Symptome des Neglects sind hier am stärksten ausgeprägt. Ab etwa dem dritten Monat nach dem Eintritt der Schädigung spricht man von der chronischen Phase. Bei den meisten Betroffenen bilden sich die Symptome des Neglects teilweise oder sogar vollständig zurück.

Bei ca. 30 % der Patienten können aber auch hier noch gravierende und teilweise lang anhaltende Symptome fortbestehen. Dieses Drittel weist oft große Schädigungen der rechten Gehirnhälfte auf. Sie können noch über Jahre mit massivsten Problemen konfrontiert sein. Insbesondere für diese Patientengruppe ist eine gezielte Therapie und kontinuierliches Training durch Therapeuten unterschiedlicher Fachrichtung dringend erforderlich. Mitbetroffen sind aber auch immer Angehörige. Ihnen fällt dann plötzlich die Aufgabe zu, sowohl für sich selbst Unterstützung zu suchen, als auch eine Stütze des betroffenen Angehörigen zu sein.

Ein Neglect kann mehr oder weniger ausgeprägt in verschiedenen Erscheinungsformen auftreten. Häufig sind gleich mehrere Sinne betroffen. Mit unseren Sinnen wie Sehen, Hören, Riechen oder Tasten nehmen wir die Welt wahr. Dabei unterliegt jeder Sinnesbereich bestimmten Begrenzungen. Z. B. können wir jemanden über größere Entfernungen sehen, ihn aber nicht mehr hören oder wir können etwas hören, es aber nicht ertasten. So lässt sich der Raum, der uns umgibt, in unterschiedliche Bereiche, sogenannte Raumsektoren unterteilen. Ganz in Abhängigkeit davon, wie weit ein bestimmter Bereich von unserem Körper entfernt ist. Raumsektoren umgeben unseren Körper etwa so wie die verschiedenen Schichten einer Zwiebel.

Am weitesten entfernt liegt der Fernraum. Dieser Raumsektor liegt außerhalb der Reichweite unserer Arme. Im Greifraum können wir zusätzlich den Tastsinn unserer Hände benutzen. Neben diesen Sektoren existiert noch der den Körper wenige Zentimeter umgebende Ultranahraum. Hier können wir, neben Sehen und Hören, mit unserem Tastsinn über die Haut wahrnehmen sowie über unseren Geruchssinn riechen. Unseren eigenen Körper nehmen wir im Körperraum wahr, dem sogenannten Personalraum.

Darüber hinaus existiert Raum auch in unserer Vorstellung, z. B. beim Erinnern an eine Wegbeschreibung oder ein Bild. Dieser vorgestellte Raum wird als repräsentionaler Raum bezeichnet.

Ob Neglect einen einzelnen Sinnesbereich oder mehrere Sinne gleichzeitig betrifft, die Konsequenzen einer halbseitigen Vernachlässigung können gravierend sein.

Wie wird ein Neglect festgestellt?

Bildgebende Verfahren

Bildgebende Verfahren werden von Ärzten durchgeführt, ausgewertet und interpretiert. Sie stehen meist am Anfang einer Diagnose und ermöglichen es, die organische Ursache des Neglects zu bestimmen. Zu den strukturellen Verfahren gehören die Computertomographie (CT) und die Magnetresonanztomographie (MRT).

Neuropsychologische Tests

- Papier- und Bleistift-Tests

Damit sind einfache Aufgaben gemeint, die mit einem Blatt Papier und einem Stift durchgeführt werden können. Sie gehören typischerweise zur neuropsychologischen Diagnostik. Patienten mit einem stark ausgeprägten Neglect weisen so offensichtliche Symptome auf, dass die Diagnose des Neglects allein durch eine Verhaltensbeobachtung im Alltag erfolgen kann. Meist ist dies jedoch zu zeitaufwendig und ungenau, besonders wenn der Neglect nur leicht ausgeprägt ist. Deshalb finden sich in den Fachkliniken und neuropsychologischen Abteilungen diverse Testverfahren, um unterschiedliche Erscheinungsformen des Neglects in seinem Auftretungsgrad zu erfassen. Zu solchen Aufgaben gehören: Das Durchstreichen von Linien und Symbolen, das Abzeichnen von Figuren, das Aufzeichnen der Uhr aus dem Gedächtnis oder einfache Zeigeaufgaben. Eine Aufzählung, Beschreibung und Bewertung gängiger Verfahren soll an dieser Stelle nicht stattfinden. Jedoch sollen einige Beispiele anschaulich verdeutlichen, wie die Diagnostik eines Neglects in der Neuropsychologie erfolgt.

Zu diesen Tests gehören:

1. Durchstreichaufgaben

2. Zeichenaufgaben
3. Linienhalbierungen
4. Verhaltensdemonstrationen
5. Computergestützte Tests
6. Beobachtungen im Alltag/Fragebögen

Behandlungsmöglichkeiten

- Nackenmuskelvibrationen

Hier wurde von mir die Matrix-Rhythmus-Therapie sehr erfolgreich eingesetzt.

- Aktivierung des erkrankten Armes
- Training der Aufmerksamkeit
- Hinweisreize geben, den Blick lenken

Die Ursache allen Übels

Die täglichen Übungen bei der Ergo- und Physiotherapie dauerten jeweils eine halbe Stunde. Eine halbe Stunde, welche mich so viel Kraft kostete, als hätte ich einen anstrengenden 48-Stunden-Dienst in der Unfallchirurgie durchgemacht. Anfangs fuhr mich meine Frau im Rollstuhl zu den Terminen, aber bereits nach ein paar Tagen hatte ich mich so zusammengerissen, dass ich gemeinsam mit meiner Frau und dem Gehstock laufen konnte. Damals war das für mich ein riesiger Schritt.

Je kräftiger ich körperlich wurde, umso mehr wurde mir bewusst, dass in meinem Kopf ein großer Schaden entstanden war.

Meine Gedanken und Emotionen waren wie eingesperrt. Einen klaren Gedanken konnte ich nur schwer fassen. Daher waren die neu hinzugekommenen Sitzungen in der Neuropsychologie so anstrengend, dass ich nach diesen Strapazen meist erst einmal völlig erschöpft einschlief. Es war unfassbar, dass ich als hochgebildeter Mensch vor Bauklötzchen saß, versuchte, sie nach einer Bildvorgabe zu sortieren und es gelang mir entweder nur schwer und mit großer Anstrengung oder manchmal auch gar nicht. Ich war unendlich enttäuscht und niedergeschlagen. Mein Körper lässt mich im Stich, mein Computersystem ist abgestürzt und eine Reifenpanne am linken Vorder- und Hinterrad habe ich auch. Ein Sachverständiger würde mich wohl sicher als Totalschaden beziffern.

Die Zeit, in der meine Frau bei mir war, empfand ich als viel zu kurz. Kaum war sie gegen 8.30 Uhr gekommen, fuhr sie auch meist schon wieder gegen 18.30 Uhr nach Hause. Zugegebenen für einen gesunden, klar denkenden, nicht in „Gefangenschaft" sitzenden Menschen ist das eine lange, sehr lange Zeit für einen Besuch. Aber mir fehlte sie einfach. Mir fehlten mein kleiner Bub, mein Zuhause und die gewohnten Abläufe. Meine Frau schloss die Tür und mein Freund, der Rauchmelder und ich vertrieben uns die Nacht. Ich versuchte immer wieder, mit Üben, Üben und nochmals Üben das scheinbar Unmögliche zu erreichen. Ich betete, machte Selbsthypnose und übte wieder weiter. Es half nichts. Es ging nicht voran. Nichts, aber auch gar nichts tat sich. Meine Verzweiflung wurde immer größer und ich legte mir die unmöglichsten Dinge im Kopf zurecht. Vielleicht macht man doch noch einmal eine Lyse, vielleicht kann man die Operation noch einmal durchführen oder vielleicht gibt es noch andere Methoden. Ich wollte mich mit diesem Zustand nicht zufriedengeben und ihn auch nicht annehmen.

Die erste Woche näherte sich dem Ende und meine Sehnsucht nach meinem Zuhause wuchs von Stunde zu Stunde. Am Donnerstag fasste ich all meinen Mut zusammen und sprach den Kollegen Dr. Böhm an, ob ein Aufenthalt zu Hause übers Wochenende möglich sei. Sein entsetztes und überraschtes Gesicht hätten sie sehen sollen. Der Blick ging in die Richtung meiner Frau mit der Frage, ob sie dies zu Hause überhaupt schaffte. Einen kurzen Moment hatte ich Sorge, dass meine Frau zögern konnte. Aber sie tat es nicht. Sie sagte sofort ja, das bekommen wir hin. Ich war erleichtert und meine Freude auf den kleinen Sonnenschein, auf mein Bett, mein Zuhause war grenzenlos.

Zugegeben, leicht war das Unterfangen nicht. Alleine die Fahrt von Braunfels nach Hause war wieder eine Herausforderung. Eigentlich freute ich mich, aber ich konnte diese Freude kaum zeigen. Kaum hatte ich das, was ich mir wünschte, erreicht, so war ich auch schon wieder unzufrieden und enttäuscht, dass ich andere Dinge nicht hatte oder tun konnte.

Das Wochenende war beschwerlich und meine Frau tat mir sehr leid. Bei jedem Toilettengang benötigte ich ihre Hilfe, kaum eine Drehung im Bett war ohne sie möglich. Und sie tat alles mit einer Gelassenheit und Hingabe, dass man sie beneiden konnte.

Morgens half sie mir im Bad, zog mich an, richtete meine Kleidung. Und wenn ich nörgelte, dass es doch egal sei, wie ich herumlief, konterte sie liebevoll, nein, das sei es nicht!

Wer bin ich denn noch? Ich bin ein elendig aussehender, kranker Mann, der dem Tod von der Schippe gesprungen ist und anderen Menschen mit seiner Hilfsbedürftigkeit auf die Nerven geht. Sonst bin ich nichts mehr.

Es wurde Sonntagnachmittag und ich musste mich schon wieder verabschieden. Wieder standen mir die Tränen in den Augen. Mit leuchtendem Blick stand mein kleiner Sohn in der Tür, winkte seinem Papa zu und rief: „Hab dich lieb.“ Wie gerne wäre ich doch da geblieben, wie gerne hätte ich mich mit ihm auf den Boden gelegt und gespielt. Aber eines war für mich klar: Ich werde kämpfen und ich werde es für meinen kleinen Sohn schaffen. Versprochen!

Als wir in Braunfels angekommen waren und ich mein Abendbrot zu mir genommen hatte, verabschiedete sich meine Frau. Nach einiger Zeit hatte ich das Bedürfnis, die Toilette aufsuchen zu müssen und ich klingelte nach dem Pflegepersonal. Der Gedanke allein, dass mich jemand zur Toilette bringt, war mir widerlich, aber es ging nicht anders. Nachdem sich auf mein Läuten hin niemand dafür zuständig fühlte, mir zu helfen, machte ich mich alleine auf den Weg. Zuerst schaffte ich mich von der Bettkante in den Rollstuhl, dann ins Bad. Die Einrichtung war zwar für Rollstühle ausgelegt und wenn man sehr geschickt war, dann klappte es auch ganz gut, aber für jemanden der seine linke Seite weder spüren noch bewegen konnte, war es ein schwieriges Unterfangen. Irgendwie hatte es funktioniert. Ich saß auf der Toilette. Doch nach diesem anstrengenden Weg verließ mich beim Aufstehen die Kraft und ich fiel zu Boden. Da lag ich nun. Nachdem ich es geschafft hatte, den Notrufklingelknopf zu drücken, halfen mir die nörgelnden und teilweise überheblichen Schwestern doch auf. Diese Situation, am Boden kriechend und kauernd zu liegen, war furchtbar – klein, erniedrigt und kraftlos.

Auch in der zweiten Woche besserte sich mein körperlicher Zustand, aber mein Nebel, meine eingesperrten Gedanken blieben. Immer wieder starrte ich auf einen Punkt und hoffte, dass die Sonne einmal durch den Nebel durchblinzelt. Nur einmal, damit ich sehe, dass sie noch da ist.

Es war ein schöner, sonniger aber frischer Herbsttag. Gerade als meine Frau und ich uns etwas ausruhten und dösten, durchfuhr meine Frau plötzlich der Gedanke, dass wir doch unseren „chinesischen Kollegen" Dr. Andreas Kalg auch um Hilfe bitten könnten. Andreas ist ein erfahrener TCM-Mediziner und er hatte viele Jahre in China studiert. Er hat bestimmt noch weitere, andere Möglichkeiten, mir zu helfen. Diese Idee war gut. Meine Frau rief ihn an und schilderte ihm die Situation. Sehr betroffen sagte er sofort zu und kam einen Tag nach dem Telefonat zu mir in die Rehaklinik.

Ein bekanntes Gesicht zu sehen, hatte mich sehr gefreut, trotzdem musste ich schnell feststellen, dass ich von den wenigen Worten, die wir gesprochen hatten, erschöpft war. Immer wieder fielen mir meine Augen einfach zu, ohne dass ich es wollte. Nach einer kurzen Anamnese fing Andreas sofort mit der Arbeit an und setzte mir eine Nadel nach der anderen. Selbst dabei schlief ich einfach ein. Seine ruhige, aufmerksame Art zu arbeiten mochte ich und mein ganzes Vertrauen lag ihm zu Füßen. Als ich wieder etwas Kraft zum Reden gesammelt hatte, erzählte Andreas viel von Menschen aus China, die auch das Schicksal „Hirninfarkt" so getroffen hatte. Wenn er so erzählte, schaute ich ihn an und dachte oft, was er wohl so über mich denkt? Ob er an mich glaubt? Ob er meint, dass ich es (wieder) schaffe? Es dauerte ungefähr eine Stunde und Andreas war mit seiner Behandlung fertig. Sofort bot er mir an, morgen wieder zu kommen, was ich natürlich dankend und hoffnungsvoll annahm.

Die Akupunkturbehandlung wurde ein fester Bestandteil meines Therapieplanes. Die Ärzte und Therapeuten ermutigten mich täglich, welch tolle Fortschritte ich doch machte. Über jedes Zucken, über jeden Millimeter Bewegung, sei es im Bein, im Arm oder in der Hand waren wir alle und besonders ich natürlich dankbar. Am Ende der Woche hatte Prof. Dr. Böhm die sogenannte MTT (Medizinische Trainingstherapie) in meinen Plan einfügen lassen. Ich freute mich auf diesen Termin, denn ich konnte endlich wieder ein Muster aus meinem alten Leben erkennen. Bereits eine Stunde vor dem eigentlichen Therapietermin war ich aufgeregt und gespannt.

Die Ernüchterung kam jedoch ganz schnell. Geknickt wurde ich schon gleich am Beginn bei der Anmeldung in diesem Bereich. Keiner fühlte sich zuständig und wenn doch, wurde man kurz und knapp „angefahren". Nachdem ich ungefähr 20 Minuten in dem mit Neonlicht ausgeleuchteten, kalten Flur saß, wurde ich freundlicherweise von einem Herrn mit einem Mundwerk ähnlich einem Waschweib aufgerufen. Wenn auch nur einer meiner Mitarbeiter in meinem Haus einen Menschen so oberflächlich und als „eigentlich nicht erwünscht“ behandelt hätte, wäre er am gleichen Tag gegangen.

Eine weitere Woche ging zu Ende und Prof. Dr. Böhm ließ mich, trotz Widerspruch des Leiters der Reha-Abteilung, wieder übers Wochenende nach Hause. Auf dem Heimweg fühlte ich mich bereits schon so stark, dass ich meine schon seit Jahren bekannten Therapeuten für Ergotherapie und Krankengymnastik anrief. Beide waren natürlich genauso erschrocken wie ich selbst. Bis dato lag unsere Bekanntschaft darin, gemeinsam Patienten durch ihre Therapien zu begleiten und plötzlich war ich der Patient. Die Rolle gefiel mir ganz und gar nicht, aber mir blieb nichts anderes übrig als sie zu spielen. Schließlich hatte ich meinem kleinen Sohn Jonas Amadeus ein Versprechen gegeben.

Meine Frau und ich wurden mehr und mehr ein eingespieltes Team und so trauten wir uns doch eines Tages, die Körperpflege in unsere, natürlich nicht behindertengerechte Dusche zu verlegen. Nachdem ich in der zweiten Therapiewoche immer mehr mit der Krankengymnastin das Laufen und das Treppengehen geübt hatte, klappte auch das zu Hause immer besser.

Die Tage nach meinem zweiten Heimaufenthalt schienen nicht vergehen zu wollen. Sicher, weil ich mir in meinen Kopf gesetzt hatte, nur noch diese eine, diese letzte Woche in der Rehaklinik zu bleiben. Dann bin ich wieder bei Dir Jonas, dachte ich bei mir und schloss die Augen.

Ganz so schnell ließ mich der Prof. jedoch nicht gehen. Er beantragte bei meiner Krankenkasse eine Verlängerung und diese, sie ahnen es schon, bewilligte noch weitere stationäre Reha-

Maßnahmen in dieser Klinik. Ich steigerte mich so in das eigentlich positive Ergebnis hinein, dass sie wieder da waren: diese Kopfschmerzen und dieser Schwindel.

Zufällig trat in diesem Moment Herr Prof. Dr. Böhm ein, als meine Frau die Initiative ergriff und ihm meinen Schwindel und die weiteren Symptome schilderte. Man merkte ihm seine Besorgnis an und aufgrund der ständigen Aufzeichnungen des noch in Frankfurt implantierten Event-Recorders vereinbarte er sofort einen Termin beim Chefarzt der Kardiologie in Wetzlar. Voller Sorge, was nun noch dazu komme, wurden wir mit einem Taxiunternehmen nach Wetzlar gefahren.

Der Termin war kurz und schmerzlos. Keine Untersuchung – nur ein Gespräch. Aufgrund der Tatsache, dass bereits 2012, also beim ersten Hirninfarkt, festgestellt wurde, dass ich ein offenes Foramen ovale[4] in meiner Herzscheidewand habe und ich den Wunsch äußerte, dieses schließen zu lassen, bekamen wir einen Termin in der Universität Gießen bei Prof Dr. Nef.

Mit einem mulmigen Gefühl im Bauch fuhren wir nach Gießen. Zum Glück kannte meine Frau sich durch die Entbindung unseres Sohnes vor 3,5 Jahren und den 5-wöchigen Aufenthalt mit ihm in der Uniklinik etwas aus und wir fanden auf dem direkten Weg das Sekretariat, wo die entsprechende Anmeldung vorzunehmen war. Ich muss sagen, meine Eindrücke von dort waren durchgehend positiv. Gleich zu Beginn bei der Anmeldung machte die Sekretärin einen freundlichen und zuvorkommenden Eindruck und sie kümmerte sich reizend um uns. Kein langes, unpersönliches Warten auf kalten Fluren, ohne dass jemand weiß, wo man hin soll. Sie führte uns,

---

[4] türartige Verbindung zwischen den Herzvorhöfen, die im fetalen (*vorgeburtlichen*) Kreislauf den Blutübertritt von rechts (Lungenkreislauf) nach links (Körperkreislauf) zulässt.

nach der Erledigung der Schriftlichkeiten, ein Stückchen um die Ecke zu einem Wartebereich, wo wir uns eine kleine Weile aufhielten.

Aus dem Thema „Essen" hatte ich mir noch nie viel gemacht und im Moment erst recht nicht. Mein Appetit und Hungergefühl hatten wohl auch etwas gelitten. So blieb ich an diesem Tag nüchtern, in der Hoffnung, dass man evtl. geplante Voruntersuchungen gleich vor Ort erledigen konnte, um etwas Zeit zu sparen. Die Untersuchung, von der ich spreche, nennt sich TEE (Transösophageale-echographie), auch Schluckecho genannt. Nur durch diese spezielle Untersuchung, was einen Ultraschall des Herzens von der Hinterseite ermöglicht, kann man zu 100 % die Diagnose des PFO stellen oder ausschließen. Nicht gerade eine angenehme Untersuchung. Sediert, mit etlichen Kabeln verbunden und einem Mundstück zwischen den Zähnen, schiebt Ihnen jemand einen etwa zeigefingerdicken Schlauch in den Hals, welchen sie eigentlich gar nicht schlucken wollen.

Nach wenigen Minuten des Wartens wurden wir aufgerufen und eine weitere nette Dame führte uns direkt in das Zimmer von Prof. Dr. Nef. Nachdem er sich die mitgebrachte Kurve aus der BDH-Klinik Braunfels angesehen und meine persönliche Geschichte erfahren hatte, fing natürlich auch er, wie auch die anderen Fachkollegen, mit der sogenannten Datenlage – auch Studienergebnisse genannt – an. Aber sein Fazit war ein anderes. Wenn es außer diesem PFO keine weiteren, signifikanten Risikofaktoren, wie einen Bluthochdruck oder Übergewicht etc. gibt, dann kann ja nur noch dieses eine Rolle spielen.

Das Eis war gebrochen. Endlich einmal ein Kollege und dazu noch ein Professor, welcher nicht ausschließlich an die Datenlage denkt, sondern auch an das Schicksal, welches ein Patient erlitten hat. In keinster Weise war ich scharf darauf, mich wieder unters Messer zu legen, aber mein Ziel war, alle Faktoren, welche auch nur 1 % des

Risikos ausmachen könnten, wieder einen solchen Infarkt zu bekommen, auszuschließen.

Erleichtert sprach ich den Kollegen an, ob er gewisse Untersuchungen nicht heute noch in seinen Terminplan einbauen könne. Etwas verwundert, aber auch achtungsvoll war sein Blick bei der Info, dass ich noch nüchtern sei und auch die TEE gleich erledigt werden könne. So kam ich in die Mühle der Voruntersuchungen und wir konnten alles am gleichen Tag erledigen.

Das Ergebnis war vielversprechend. Denn der Bubble Test (Nachweis eines offenen Foramen ovale) war eindeutig. Das Loch in meinem Herzen war größer als gedacht und somit wohl auch die Ursache der ganzen Misere. Wir vereinbarten einen Termin: Der 14.10.2014 war der Tag, an dem sich alles ändern sollte. Für mich sollte es mein zweiter Geburtstag werden.

Nach anstrengenden 5 Stunden mit Untersuchungen, Gesprächen und Entscheidungen kehrten wir nach Braunfels zurück. Bereits auf dem Flur trafen wir Prof. Dr. Böhm, welcher gespannt auf das Ergebnis war. Ich hingegen war erschöpft. In meinem Kopf verknoteten sich die Gedanken immer mehr. Und es kamen die Zweifel: War es die richtige Entscheidung? Was ist, wenn ich es nicht überstehe? Ist es das wert? Wie immer holte mich meine Frau aus dem Sumpf dieser schrecklichen Gedanken heraus und bekräftigte mich in meinen Entscheidungen. Hatte ich denn eine Wahl? Eigentlich nicht.

Nachdem wir meine Gedanken und Emotionen etwas sortiert und verarbeitet hatten, ruhte ich mich ein wenig aus. Diese immer wieder auftretende Übelkeit, welche vielleicht auch mit der Ablehnung von diesen vielen bunten Tabletten zusammenhing, kam immer wieder durch. Der frühe Abend machte sich breit und meine Ängste, die Nacht ohne meine Frau überstehen zu müssen, wurden vom Besuch des Professors unterbrochen. Mit meiner Frau hatte ich schon meine Entlassung besprochen und nun galt es, den Kollegen davon zu überzeugen. Wir diskutierten über die Ergebnisse und die Befreiung, einen Grund für diese immer wieder auftretenden, für einen sportlichen, nicht übergewichtigen Menschen untypischen Probleme, gefunden zu haben, sah man ihm an. Gleich danach das Entsetzen. Ich erklärte ihm, dass ich für die bevorstehende OP etwas Kraft sammeln wolle und daher morgen gerne entlassen werden möchte. Angetan war er von diesem Vorschlag ganz und gar nicht, aber in den letzten Wochen meines Aufenthaltes hatte er wohl die enge Bindung zu meiner Familie und ganz besonders zu meiner Frau und meinem kleinen Sohn erleben können. So stimmte er zu.

Auch diese Nacht zog sich dahin. Es schien, als komme der neue Morgen nie. Auf der einen Seite die Erleichterung, auf der anderen Seite die Angst. Das waren die ständigen Gedanken, die in mir kreisten. An Schlafen war kaum zu denken. Aber ich musste schlafen. Ich brauchte Ruhe, Zeit und Gelegenheit wieder Energie zu tanken. Ich schloss die Augen und der graue Nebel, der besorgniserregend über meinen in der Vergangenheit lebenden Erinnerungen hing, war wieder da. Sollte auch er mein neuer Freund sein? Von dem Rauchmelder verabschiedete ich mich in dieser Nacht. Er schien vielleicht etwas traurig zu wirken, aber ich ganz und gar nicht. Jede Sekunde, welche ich in diesem verdammten Zimmerchen noch verbringen musste, war zu lang für mich.

8 Uhr und meine Frau öffnete die Tür. Mit einem liebevollen Strahlen im Gesicht blickte sie mich an und wünschte mir einen guten Morgen. Ja, heute war ein guter Morgen – ich verlasse das Haus und kehre, wenn auch etwas verwundet, in meine alte Welt zurück.

Die Herzoperation

In den Tagen vor der OP las ich sehr viel Fachliteratur zu diesem Thema, was mich mehr und mehr aufregte. Was ist, wenn etwas nicht nach Plan verläuft? Ich hatte Angst, richtige Angst. Ich rief alle meine Kinder zusammen und besprach mit ihnen meinen letzten Willen. Meine Frau und ich lagen bis spät in die Nacht wach und gingen die Abläufe meiner Beerdigung durch. Ich möchte eine Beisetzung im engsten Familienkreis ohne großes Aufsehen. Ihr dürft nicht traurig sein, wenn ich gehe, ihr sollt euch freuen, dass ich erlöst bin. Freut euch des Lebens und passt auf euch auf. Das waren die letzten Worte zwei Nächte vor der OP.

Auch unseren Pfarrer und Freund Michael Niermann rief ich an und er zögerte, nicht mich noch vor dem Eingriff zu besuchen. Am meisten hat mich meine Schulkameradin und Sekretärin Marita Scheidt-Anspach überrascht. Sie besuchte mich jeden Donnerstag und brachte es fertig, dass in Medjugorje eine Messe mit der Nennung meines Namens gelesen wurde. Im Nachhinein erfuhr ich, dass an dieser Messe Hunderte von Menschen teilnahmen, welche alle für mich gebetet hatten. Das war für mich überwältigend.

Am 14. Oktober packten wir meine sieben Sachen und reisten früh morgens um 7 Uhr in die Uniklinik. Nach der Anmeldung auf der angegebenen Station, wo mein Zimmer natürlich noch anderweitig belegt war, hieß es warten. Ich wartete nicht lange und ging mit meiner Frau vor den Aufenthaltsraum des Herzkatheterlabors. Und welch ein Glück. Wir hatten uns gerade gesetzt, als Prof. Nef um die Ecke kam und verwundert fragte, warum ich noch hier auf dem Flur sei. Schließlich war ich der Erste, der an diesem Tag auf dem Plan stand. Plötzlich ging alles ganz schnell. Ruckzuck holte mich jemand ab und brachte mich in den Tagesklinikbereich, wo ich mich umziehen sollte.

Nach ungefähr 30 Minuten hatte ich alles überstanden und sah wieder die leuchtenden Augen meiner Frau. Ich war so erleichtert.

Noch etwas benommen von der Narkose waren die ersten Worte, die ich an meine Frau richtete: „Wir haben es geschafft. Jetzt wird alles gut!" Wurde es das?

Plötzlich wurde mir unsagbar kalt und ich begann, mich zu schütteln. So gefroren hatte ich noch nie. Zunächst machte ich mir noch nicht so viele Sorgen darüber, denn ich hatte bereits auf dem OP-Tisch schon geschlottert. Dann auf einmal starke Schmerzen im rechten Bein, dann im linken Bein. Meine Frau rief sofort das Fachpersonal und nur wenige Minuten später standen Prof. Nef und weitere Kollegen um mich herum. Es herrschte höchste Alarmbereitschaft. Und wieder die Kopfschmerzen. Ließen die mich denn nie los? Eigentlich sollte der Weg von der Tagesklinik direkt auf Station gehen, aber nun machten wir einen kleinen Umweg auf die Intensivstation (IST).

Es dauerte einen Moment und das ganze Theater war vorüber. Der Grund meines Missempfindens war eine allergische Reaktion auf das zugeführte Kontrastmittel. Prof. Nef war erleichtert, dass es „nur" das und keine größeren Komplikationen waren. Bis zum späten Nachmittag verblieb ich auf der ITS, dann durfte ich mein Zimmer auf der Normalstation beziehen.

Und alles ging wieder von vorne los. Es wurde Abend und meine Frau verließ die Klinik – ich war alleine. Alleine mit der Vergangenheit und mit der neuen Situation. Meine Gedanken drehten sich im Kreis. Sollte ich nicht eigentlich dankbar sein, dass alles so ist, wie es ist? Ich weiß nicht genau, wie ich die Zeit rumgebracht habe, aber der neue Tag brach an. Bereits in den frühen Morgenstunden überbrachte man mir die Nachricht, dass mein Zustand stabil genug sei, um mich zu entlassen. Entlassen?! Wie wunderbar, das musste man mir nicht zweimal sagen. Bereits eine halbe Stunde, bevor meine Frau das Haus betrat, lief ich im Flur auf und ab, ging runter zum Haupteingang, ging wieder nach oben. Dann kam sie – endlich. Meine Sonne ging auf und ich erzählte ihr von der freudigen Nachricht. Gemeinsam nahmen wir noch das von meiner Frau mitgebrachte Frühstück zu uns, denn der Entlassungsbrief, ohne den ich natürlich nicht gehen durfte, war noch nicht fertig. Aber es dauerte nicht lange und wir konnten den ersehnten Heimweg antreten.

Foramen ovale – das Loch in meinem Herzen

Das Foramen ovale (lat. für ovales Loch) im Herzen ist eine türartige Verbindung zwischen den Herzvorhöfen, die im vorgeburtlichen Kreislauf den Blutfluss von rechts nach links zulässt. Da die Lunge noch nicht belüftet ist, somit auch noch nicht durchblutet wird, fließt das Blut über das Foramen ovale in den linken Vorhof und durch den Ductus arteriosus. Das Foramen ovale verschließt sich normalerweise in den ersten Lebenstagen oder -wochen. Anstelle des Loches findet sich dann am Herz eine seichte Grube, die Fossa ovalis. Umringt wird die Fossa ovalis im rechten Vorhof von einem Saum und im linken wird sie von der Valvula foraminis ovalis bedeckt. Erfolgt der Verschluss nicht, spricht von man von einem anhaltenden oder andauernden Foramen ovale. Bis zu 25 % aller Menschen leben mit einem offenen Foramen ovale in der Vorhofscheidewand. Mithilfe der Farbdoppler-Echokardiographie lässt sich dann ein geringer Blutfluss durch diese Öffnung nachweisen. Die Kinder sind nicht beeinträchtigt und eine Behandlung meist nicht erforderlich. Ist die Öffnung hämodynamisch bedeutsam, ist es einem Atriumseptumdefekt zuzuordnen. Nach neueren Untersuchungen gibt es auch einen Zusammenhang zwischen einem PFO und Migräne. Bei einem Teil von Erwachsenen, deren PFO verschlossen wurde, verschwanden oder verminderten sich Migräneanfälle.

Der steinige Weg zurück in den Alltag

Zu Hause angekommen war mein erster Gang zu meinem über alles geliebten Sonnenschein Jonas. Ich setzte mich zu ihm und seiner, von ihm über alles geliebten Oma und Spielkameradin, und schaute einfach nur zu, wie er spielte. Er hatte eine so schöne, blühende Fantasie und seine liebevolle, unbeschwerliche Art ließ mich wie auf Wolken schweben. Ich empfand für kurze Zeit alles so schön entspannt und leicht. Ich dachte einmal ein paar Minuten nicht an mein Schicksal, an meine derzeitige Behinderung und Lähmung, meine Gedanken schienen klar und eindeutig, schwerelos und unbefangen. Doch dieser schöne Moment dauerte nicht lange an und der quälende Juckreiz holte mich auf eine ziemlich unsanfte Art und Weise wieder in die Realität zurück. Da war er wieder: Dieser Nebel, dieses Gefühl, nicht mehr ich selbst sein zu dürfen.

Natürlich hatte ich schon vor meinem Aufenthalt in der Uniklinik Gießen mit meinen „hauseigenen" Therapeuten weitere Termine und Treffen vereinbart und es dauerte nur wenige Tage und ich begann wieder intensiv, an meinem Körper zur arbeiten. Ich hatte meinem Sohn ein Versprechen gegeben, das es galt zu halten. Ich werde wieder laufen, joggen und arbeiten können. Das war mein Ziel. Mein Sohn sollte zu seinem Papa aufschauen können und nicht im Kindergarten oder in der Schule wegen eines im Rollstuhl sitzenden, mit Opa angeredeten, Papas auskommen müssen.

Und auch die Aussage des Kollegen Böhm war ein Motor für mich: „Mit ihrer Hand werden sie nicht glücklich werden“, waren seine beiläufigen Worte bei einer seiner Visiten. Zunächst nahm ich das an diesem Tag so nicht auf, umso mehr ich aber über das Gespräch nachdachte, desto mehr Energie konnte ich in meinem Körper aktivieren. Ich zeige ihm, was ich aus meiner Hand mache!

Ungefähr 4 oder 5 Tage gönnte ich mir und meinem Körper noch etwas Ruhe und Schonung, bevor das richtig harte Trainingsprogramm begann. Dreimal die Woche jeweils eine Stunde krankengymnastische Übungen und dreimal die Woche Ergotherapie waren das Anfangsprogramm. Dazu wurde ein 24-Stunden-Konzept eingeführt, indem es galt, so viel wie möglich mit dem linken Arm und der linken Hand zu arbeiten. Es war anstrengend. Kaum mit den Therapien begonnen war ich eigentlich schon wieder müde. Aber verdammt noch mal, ich wollte nicht müde sein. Ich wollte trainieren.

Ich war ein Kämpfer und hatte in meinem Leben alles erreicht, was ich erreichen wollte. Hier wird jetzt nicht das Ende sein.

Meine Physiotherapeutin Nicole nahm sich wirklich alle Zeit und Geduld der Welt. Sie hatte das, was ich eigentlich brauchte. Ihr Therapiekonzept war stramm und oft trieb sie mich so an, dass ich dachte, ich sei in Alcatraz. Ihre unermüdliche Art, immer und immer wieder Dinge zu üben, die für einen gesunden Menschen einfach normal und selbstverständlich sind, war bewundernswert. Sie war es, die mir zeigte, wie ich die drei Stockwerke in unserem Haus alleine und ohne fremde Hilfe überwinden konnte. Sie war es, die mir zeigte, was richtiges Sitzen heißt und sie war es auch, die mir zeigte, wie ich mich wieder aufrichten kann, wenn ich auf dem Boden liege. Wie mit einem Kleinkind übte sie mit mir das Krabbeln, Rollen und Abstützen. Bei jedem Treffen brachte sie neue Ideen und Anregungen mit und erzählte mir immer und immer wieder etwas von „Abdruckaktivität". Anfangs dachte ich: *Mensch Mädchen, lass mich mit so einem Blödsinn in Ruhe*, aber mit der Zeit verstand ich, was sie meinte. Mit jedem Tag der Abdruckaktivität besserte sich mein körperlicher Zustand.

Mein Gehirn fing tatsächlich an, auf der gegenüberliegenden Gehirnhälfte alte Bewegungsmuster wieder aufzunehmen und abzuspeichern.

Am meisten genoss ich, dass ich wieder bei meinem kleinen Sohn Jonas sein durfte, nicht mehr „auf Wiedersehen" sagen zu müssen, nicht mehr auf die Uhr schauen, wie viel Zeit man noch hat. Er war so verständlich. Morgens half er meiner Frau mich anzuziehen, brachte mir meine Schuhe oder meinen Stock. Wenn meine Frau das Spielen unterbrach, um nach mir zu sehen oder mir etwas zu helfen, war das für ihn ganz normal und selbstverständlich.

Ab dem Zeitpunkt meiner Entlassung aus der Rehaklinik war auch mein mittlerer Sohn Laurin, der bei seiner Mutter lebt, jedes Wochenende bei mir. Die gemeinsamen Fernsehabende genoss ich sehr. Auch das war wieder ein Muster aus meinem alten Leben.

Jedoch überkam mich auch zu Hause immer wieder die Angst, dass jede Minute wieder etwas passieren könnte. Bei jeder Mahlzeit blickte ich auf die Uhr und sagte meiner Frau, wann ich gegessen habe. Jedes Mal, wenn ich mich auf den Platz an unserem Tisch setzte, wurden die Szenen von Neuem abgespielt. Es war wie eine Videokassette, welche man zurückspult. Ganz schlimm schien die Angst zu werden, wenn meine Frau nicht in meiner Nähe war. Allein der Gedanke, dass sie nur im Dachgeschoss an ihrem Schreibtisch saß und arbeitete, löste bereits Panik in mir aus. Was mache ich, wenn mir jetzt etwas passiert? Keiner weiß Bescheid, keiner hat Ahnung von meinen Medikamenten. Es wäre eine unvorstellbare Situation.

Oft hatte ich das Gefühl, dass mich mein Körper wieder verlässt. Ich fühlte mich so schwach und kraftlos. Dieses ständige Bitten und Rufen kostete mich sehr viel Überwindung und oft war ich meiner Frau gegenüber sehr ungerecht. Natürlich musste sie auch den Alltag leben: kochen, arbeiten und unseren Engel versorgen. Jedoch hätte ich sie so gerne ständig und immer bei mir gehabt. Es schien, als hätte meine Frau auf einmal zwei Kleinkinder zu versorgen, zwei kleine Wesen, die an ihrem „Rockzipfel" hingen.

Die Unruhe in meinem Körper ließ nicht nach. Kaum legte ich mich etwas zur Ruhe, war ich auch schon wieder auf den Beinen. Es schien, als riefen meine noch klar funktionierenden Gehirnteile, mir ständig zu: „Du musst trainieren, du darfst nicht ruhen." Dabei war das totaler Blödsinn. Eigentlich musste ich ja ruhen. Ich durfte meine Energiereserven nicht unnötig vergeuden, im Gegenteil.

Nach 2 Wochen intensiven Trainings traute ich mich wieder, meinen seit Jahrzehnten durchgeführten Dauerlauf zu beginnen. Es war ein trüber Morgen, schwere, graue Wolken hingen am Himmelszelt und ich wartete vor der Tür auf meine Frau. Die klare, aber kalte Luft war wunderbar. Wie hatte ich das vermisst! Die ersten Male konnte ich meine Frau davon überzeugen, mit mir zu „joggen". Naja von einem Joggen konnte man eigentlich noch nicht reden. Anfangs waren es mehr langsame, etwas später schnellere Spaziergänge. Aber es war ein Anfang. Es waren die ersten Schritte zurück in mein altes Leben.

Es vergingen ungefähr 6 Wochen und ich hatte ansatzweise mein altes Lauftempo wieder erkämpft. Am ersten Weihnachtsfeiertag traute ich mich das, wovon ich dachte, es nie mehr tun zu können. Ich machte einen Lauf mit meinem alten Freund Holger Thorn. Holger und ich kannten uns schon einige Jahrzehnte und haben viele Marathons auf der ganzen Welt gemeinsam gemeistert. Ich erinnere mich noch oft und gerne an den Lauf in New York. Er war so anstrengend, aber auch so schön.

Dieses Feeling war einfach unbeschreiblich. Aber auch die Läufe in Frankfurt, Berlin oder Köln waren herrlich. Holger freute sich sehr auf unseren gemeinsamen Lauf und obwohl er eigentlich schneller war als ich, passte er wie selbstverständlich sein Tempo an. Die in mir herrschende innere Hürde, es vielleicht nicht schaffen zu können, zu versagen, zugeben zu müssen, etwas nicht mehr so gut zu können wie früher einmal, hatte ich ablegen können und somit hatte ich mein Ziel, den Halbmarathon in März 2015 in Frankfurt/Main mitzulaufen, erreicht.

Die Weihnachtsfeiertage und die extremen Stunden der Sentimentalität gingen vorüber und wir bereiteten uns auf den Jahreswechsel vor. Meine Frau pflegte den Balanceakt zwischen Akten und Belegen für den Jahresabschluss für die Praxisklinik auf der einen Seite, der Unterstützung in meiner Lebenslage und die liebevolle und fürsorgliche Betreuung und Erziehung unseres Sohnes auf der anderen Seite. Abends war sie meist so erschöpft, dass sie gemeinsam mit unserem Sohn im Bett eingeschlafen war. Den 31.12.2014 genossen wir in aller Ruhe zu Hause. Jonas hatte an diesem Nachmittag knappe drei Stunden Mittagsschlaf gehalten und war somit so fit für den Abend, dass er es tatsächlich bis 23.00 Uhr ausgehalten hatte.

Ja und dann war es da, das neue Jahr 2015. Was mochte es wohl bringen? Wird alles wieder gut oder gar besser als vorher? Wird mich das Schicksal wieder treffen? Oder muss ich gar meine kleine, geliebte Familie zurücklassen und meine letzte Reise antreten? Fragen über Fragen ließen mich kaum schlafen. Werde ich es schaffen? Kann ich mein Versprechen einhalten?

Oft unterhielt ich mich mit meinem Ergotherapeuten Mario Schepp über die spirituellen Dinge und Geschehnisse der letzten Tage und Wochen. Und ich muss zugeben, manchmal half mir das mehr als die eigentliche Arbeit der Ergotherapiestunde. In Stunden der Einsamkeit dachte ich oft darüber nach, was in meinem Leben alles schiefgelaufen war. Was waren meine größten Sünden? Wofür muss ich büßen? Als Arzt hatte ich das Phänomen nach der Suche von Erklärungen für bestimmte Krankheiten oft beobachten können. Und nun stehe ich an der Stelle und habe die gleichen Gedanken. Was um Himmelswillen ist es? Ist es meine Art, mit Menschen umzugehen? Meine unstillbare Gier nach Erfolg und Anerkennung? Meine konservative Lebenseinstellung, welche ich, zugegeben, erst wieder durch meine Frau und meinen Sohn neu erfahren durfte, oder ist es schlichtweg eine „Lebensbremse?“ Eine Bremse, sich wieder an die ursprünglichen Dinge zu erinnern. Was ist eigentlich wirklich wichtig? *"... was wichtig ist, ist nicht, was man so nennt. Nicht wer man ist und wen man alles kennt. Ich kenn die Regeln, ich beherrsch das Spiel, doch all das Wissen nutzt nicht viel, was wirklich wichtig ist, weiß ich erst heute ..."*

Das waren die ersten Zeilen in einem Lied von Udo Jürgens, welches meine Frau gerne hörte. Vielleicht hätte ICH es mir genauer anhören müssen. So genau wie meine Frau. Vielleicht hätte ich mich anders verhalten. Vielleicht, vielleicht, vielleicht ...

Je mehr ich grübelte, desto mehr versank ich in einem Sumpf. In einem grauem Durcheinander vieler Ereignisse und Empfindungen, aber es brachte mich nicht weiter. Hinzu kam meine immer wieder hochkochende Wut auf mich selbst. Mein Körper, welcher 60 Jahre lang funktioniert hatte, ließ mich im Stich. Das konnte und wollte ich nicht dulden. Ich bin kein Weichei, Warmduscher oder Feinrippträger. Ich bin ein erfolgreicher Arzt und Unternehmer, ein Mensch mit seinem "eigenen Kopp", wie Prof. Böhm zu sagen pflegte.

Mit einem Schlag wurde ich eines Besseren belehrt und mir wurde aufgezeigt, dass ich nichts bin. Ich bin ein Mensch wie jeder andere. Ich habe Stärken und ich habe Schwächen, auch wenn ich diese nie sehen wollte. Gut, ich habe hart an meinem Weg gearbeitet und bin stolz ihn so geschafft zu haben, aber ich bin trotzdem nur ein Mensch.

In unseren zahlreichen Gesprächen versuchte meine Frau, mir gerade das immer und immer wieder zu sagen. Ich hörte ihre Worte, aber schenkte ihnen keine große Bedeutung. Erst heute habe ich verstanden, was sie meinte. Sie wollte mir sagen: Auch DU darfst einmal schwach sein, auch DU darfst deine Gefühle zeigen. Weine, wenn es dir gut tut, hau' auf den Tisch, wenn du wütend bist. Aber lass deinem Körper Zeit. Habe die Geduld, Dinge neu zu erlernen und habe die Gabe, Dinge auch von der anderen Seite zu betrachten. Nimm dein Leben an, wie es war, wie es ist und wie es werden wird. Und es wird gut! Sie hatte ja so recht.

Ohne Zweifel brachte mich aber auch die Ergotherapie und die Arbeit von Mario dem Alltag ein Stück näher. Mit Marios Hilfe lernte ich meinem Arm und speziell meiner Hand klare Befehle zu erteilen, welche mein Gehirn umsetzen musste. Diese Art der Arbeit ist kaum in Worte zu fassen. Sie gleicht einer Fahrt mit hoher Geschwindigkeit bei dichtem Verkehr – höchste Konzentration mit hohem Energieverbrauch.

Ich erinnere mich noch genau an die Momente, wo sich mein Daumen ein Millimeter zu bewegen schien. Oder wie Mario versuchte, mit der Spiegeltherapie mein Gehirn zu täuschen. Anfangs waren es die kleinen Dinge, die mir Freude schenkten und die Kraft gaben, weiterzumachen. Drei bis vier Mal die Woche ackerte ich mich von medizinischer Trainingstherapie, über das Fassen von großen Gegenständen bis hin zu kleinen Spielfiguren vor. Ende Dezember konnte ich sogar einen Kugelschreiber zum Klicken bringen.

Dank der medizinischen Trainingstherapie und dem exakten Abstimmen der Milon-Geräte auf meinen Körperzustand, konnten meine Muskeln wieder zum Arbeiten angeregt werden. Anfangs war der Ablauf an den Geräten durch das noch bestehende Handicap meiner linken Hand etwas mühsam, doch mit der Zeit besserte sich auch das.

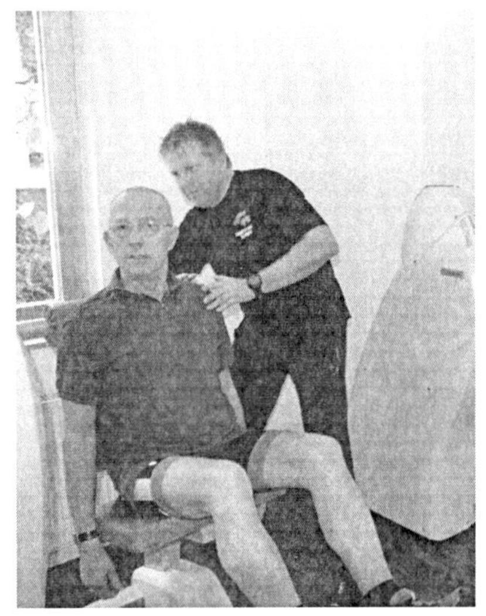

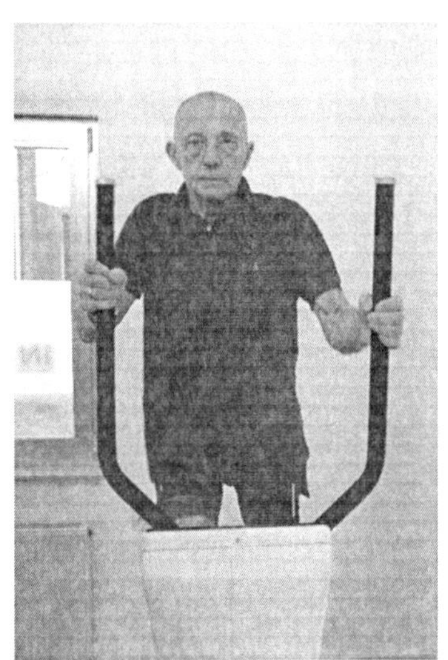

Mit unermüdlichem Kämpfertum und mit der Kraft und Hilfe unseres Schöpfers habe ich es zum Jahresende geschafft, fast alle meine Körperfunktionen zu 80 % wieder erlernt zu haben. Ich hatte es geschafft, wieder ein autonomer Mensch zu sein.

Ab dem 31.12.2014 war ich wieder in der Lage, Auto zu fahren, selbstständig zu duschen, mich weitgehend selbstständig zu kleiden und alleine meinem über alles geliebten Sport nachzukommen.

Der erste Schritt im neuen Jahr, auf den ich mich nun freute, war der, dass ich, wenn auch nur stundenweise, wieder meiner Berufung nachgehen durfte. Der 5. Januar 2015 war der Startschuss in mein neues Leben. Und auch mein im Jahr 2013 begonnenes Studium der Psychotherapie nahm ich wieder auf. Mein Leben schien wieder einen Sinn zu bekommen.

Die Wochen flogen nur so dahin und ich konnte wahrlich spüren, wie sich mein Zustand von Tag zu Tag besserte. Mein hartes und unermessliches Training brachte Erfolg. Mein Dickkopf hatte es wieder einmal erfolgreich durch die Wand geschafft und bis Ende Januar konnte ich fast alle Körperfunktionen wieder eigenständig ausführen. Meine linke Hand macht nach wie vor noch ein wenig Probleme, aber daran wird weiter gearbeitet.

Die Selbsthypnose, welche ich vor meiner Krankheit erfolgreich in Magdeburg bei Dr. Preetz erlernen durfte, bleibt weiterhin ein starker Partner in meinem Körperinneren. Täglich angewendet hilft sie mir immer wieder auf die Beine und das Erlebte zu verarbeiten.

Von Tag zu Tag versuche ich, meine Krankheit als einen Teil von mir anzunehmen. Immer wieder ist es eine Herausforderung mit Hindernissen und gut gemeinten Wünschen der Außenwelt klarzukommen, aber ich versuche die Verantwortung und die Pflege meiner Gedanken bewusst zu übernehmen, denn ich alleine entscheide, welche Einflüsse in mir gedeihen sollen und welche nicht in mein Leben passen und als „Unkraut" gejätet werden müssen.

Sie alleine entscheiden, wer Sie sind und wie Ihr Weg aus einer vielleicht für Sie aussichtslosen Situation sein wird. Sammeln Sie

Kraft und gehen Sie Ihren eigenen Weg! Entscheiden Sie aus dem Bauch, was für Sie das Richtige ist. Das wünsche ich Ihnen auf ihrem Lebensweg!

Zurück zu sich selbst mit Hypnose

Das griechische Wort für Hypnose heißt zu deutsch Schlaf. Trotzdem handelt es sich bei der Hypnose nicht wirklich um Schlaf. Es handelt sich bei der hypnotischen Trance vor allem um einen gelösten, entspannten und angstfreien Zustand. Mithilfe der Hypnose, genauer gesagt der Tiefenhypnose, ist es möglich, eine Hyperemmesie[5] zu erzeugen, eine gesteigerte Erinnerungsfähigkeit. So wird es möglich, Erlebnisse selbst aus früherer Kindheit mit allen Details wieder auftauchen zu lassen. Da das Unterbewusstsein unabhängig von unserem Bewusstsein alles speichert, lassen sich sogar Sätze erinnern, die beispielsweise in einer Narkose von Operateuren gesprochen wurden. Wenn es sich um negative Erinnerungen handelt, wie z. B. der Patient wird wohl nie wieder gesund werden, können diese den Krankheitsverlauf in dramatischer Weise negativ beeinflussen. Die Fähigkeit, schnell zu lernen und sich auch an lange zurückliegende Dinge zu erinnern, kann mithilfe der Hypnose und auch mit Hilfe der Selbsthypnose erheblich verbessert werden.

Durch das Anwenden einer gezielten und dauernden Selbsthypnose konnte ich bei mir erreichen, dass meine Gedächtnisleistungen gebessert wurden und mein seelischer Zustand sich stabilisierte.

---

[5] Extreme Übelkeit bis hin zum Erbrechen

Bei Schlaganfällen entwickeln die Betroffenen auch entsprechende Traumatisierungen. Diese wurden von mir mit der EMDR-Therapie[6] im Selbstcoaching mit behandelt.

Neuroplastizität des Gehirns

Lange Zeit galt das Hirn eines Erwachsenen als starr festgelegtes, fix verdrahtetes Organ. Modernste wissenschaftliche Erkenntnisse jedoch zeigen das Gegenteil und beweisen damit nicht nur etwas, was Buddhisten schon immer wussten, sondern hiermit wird auch begründet, warum Psychotherapie funktioniert und dass viele unserer großen und kleinen Schwächen stärker veränderbar sind, als wir das zu hoffen wagen.

Eine der faszinierendsten Forschungsbereiche der Neurobiologie ist die sogenannte Neuroplastizität oder neuronale Plastizität. Darunter versteht man die Eigenschaft von Synapsen, Nervenzellen oder auch ganzen Hirnarealen, sich in Abhängigkeit von der Verwendung in ihren Eigenschaften zu verändern. Je nach betrachtetem System spricht man auch von synaptischer Plastizität oder cortikaler Plastizität. Die Grundlage für diese Entdeckung der Anpassungsfähigkeit des Gehirns und der Nervenzellen bildete die Forschungsarbeit des Psychologen Donald Olding Hebb.

Forscher an der Universität Zürich wiesen bspw. nach, dass sich bei jemandem, der nach einem rechten Oberarmbruch nur noch die linke Hand benutzte, bereits nach 16 Tagen markante anatomische Veränderungen in bestimmten Hirngebieten zeigte: Die Dicke der linksseitigen Hirnareale wird reduziert, hingegen vergrößern sich die rechtsseitigen Areale, die die Verletzung kompensieren. Auch die

[6] traumabearbeitende Psychotherapiemethode (Augenbewegungstherapie)

Feinmotorik der kompensierenden Hand verbessert sich deutlich.

Andere einfache, aber in ihren Resultaten erstaunliche Tests bestätigen, dass schon die bloße Vorstellung Hirnareale vergrößern lässt. Der Hirnforscher Pascual Leone ließ Freiwillige ein simples Klavierstück üben und untersuchte anschließend die entsprechende motorische Region im Hirn der Probanden. Der Bereich, welcher für die Steuerung der Fingerbewegung verantwortlich ist, vergrößerte sich. In gewissem Sinn stimmt also der bei Lehrern beliebte Vergleich mit dem Gehirn als Muskel: Werden bestimmte Areale durch steten Gebrauch stärker genutzt, entwickeln sich diese offenbar stärker. Unsere Fähigkeiten und die speicherbaren Informationen nehmen zu.

In einem anderen Experiment sollten sich Versuchspersonen nur im Geiste vorstellen, das Klavierstück zu spielen. Die erstaunliche Erkenntnis: Hier veränderten sich genau die gleichen Areale wie bei den tatsächlich Übenden. Allein mit dem Denken oder mithilfe geistigen Trainings können also offenbar physiologische Veränderungen der beteiligten neuronalen Schaltkreise bewirkt werden.

Verblüffend ist auch die Geschichte des Malers Esref Armagan, der von Geburt an blind ist. Trotzdem ist er fähig, realistische Bilder von Gebäuden und Landschaften zu erschaffen, die er nur aus Beschreibungen kennt. Obwohl sein Sehareal nie einen externen visuellen Reiz empfing, ist der zugeordnete Hirnbereich so aktiv wie bei einem Sehenden: Allein durch die Beschreibung der Objekte, welche er auf Papier bringt, erkennt sein Gehirn also mentale Bilder.

Die bloße Vorstellungskraft bewirkt folglich Enormes und wir kennen ähnliche Effekte auch aus der Psychotherapie bzw. Hypnosetherapie. Bei dieser werden letztlich in der therapeutischen Praxis neue Verhaltensweisen und Denkprozesse ausprobiert und können zunehmend auch im Leben draußen umgesetzt werden. Stück für

Stück werden alte und hinderliche Denkkonzepte in solche umgewandelt, die uns zufriedener, selbstsicherer und hinsichtlich der Erreichung unserer ganz persönlichen Ziele und Bedürfnisse erfolgreicher machen. Dieses erklärt, warum Psychotherapie sogar bei schweren psychischen Erkrankungen mit neurologischen Störungen unterstützende Effekte erzielen kann.

In der Meditation erfahrenen Buddhisten ist all dies ohnehin nicht neu. Ist man imstande, sich lange Zeit nur auf einen Gedanken zu konzentrieren, können auch negative Gedanken gezielt überwunden werden. Werden jene Gedanken überwunden, die einen bestimmten psychischen Leidenszustand hervorrufen, kann über die Funktion der Neuroplastizität eine physiologische Änderung in den Schaltkreisen des Gehirns bewirkt werden, die diese negativen Gedanken laufend hervorriefen. Was also in der Psychotherapie und Hypnose durch externe und professionelle Begleitung erreicht wird, erreichen buddhistische Mönche durch jahrelange Meditationspraxis auch alleine.

Dokumentiert sind heilende Effekte der Neuroplastizität auch nach Schlaganfällen, in der Schmerzbehandlung, bei Autismus, bei Lähmungserscheinungen, Lernschwierigkeiten, bei Phantomschmerzen und vielem mehr. Die Neuroplastizität scheint ein Evolutionsfaktor zu sein, mittels dessen sich Menschen an Anforderungen der Umwelt sukzessive anpassen können. Die neue Vorstellung, das Gehirn sei formbar wie Knete, unterscheidet sich radikal von jener Sicht, wie sie von vielen Behandlern noch immer vertreten wird. Demzufolge sei es eine starre Struktur, auf die man hauptsächlich mit Medikamenten, weniger aber mit Training, einwirken kann. Dieser überholte Neurodeterminismus führt bspw. dazu, dass Menschen, die einen Schlaganfall erlitten haben, das Selbstheilungspotenzial ihres Gehirns nicht voll ausschöpfen.

Die Folge könnte sein, dass die Patienten mit Schlaganfällen zu früh aus der Behandlung herausgenommen werden.

Das Geheimnis der Selbstheilungskräfte unseres Gehirns

2003 begann Terry Wallis plötzlich wieder, erste Worte zu sprechen. Zuvor hatte der 39-Jährige ganze 19 Jahre lang in einem Zustand des kaum vorhandenen Bewusstseins vor sich hingedämmert. Bei einem Autounfall war zwei Jahrzehnte zuvor sein Gehirn stark geschädigt worden. Der sogenannte Zustand minimalen Bewusstseins („Minimally conscious state", kurz MCS), der auch Wallis betraf, befällt in den USA jedes Jahr mindestens 25000 Personen. Im Gegensatz zum Koma, das normalerweise nur wenige Wochen nach einem Unfall anhält, kann sich der MCS-Zustand über Monate oder gar Jahre erstrecken. Patienten sind sich ihrer Umgebung meist nicht bewusst, auch die Kommunikation mit der Außenwelt funktioniert kaum. Ab und zu kommen Laute aus ihrem Mund oder sie greifen nach Gegenständen und antworten auf einzelne Fragen. (MCS unterscheidet sich vom vegetativen Stadium des Gehirns, bei dem der Patient keine zwischenzeitlichen Bewusstseinszustände zeigt.)

Forscher wissen wenig darüber, was während solcher Phasen im Gehirn passiert. Allerdings ist vom Menschen und vom Tier bekannt, dass das erwachsene Gehirn über ein gewisses Maß an Selbstheilungskräften verfügt.

Wallis Zustandsverbesserung begann mit dem Wort „Mama". Obwohl solche Wortäußerungen unter MCS-Patienten nicht gerade selten sind, waren seine Ärzte und seine Familie erstaunt darüber, wie sich seine Sprache im Anschluss mehr und mehr verbesserte. Um zur Quelle von Wallis rarer Rückkehr zum echten Bewusstsein zu gelangen, nutzte das Cornell-Team um den Neurologen Nicholas

Schiff eine verbesserte Kernspintomographie-Technik, die sich „dif fusion tensor Imaging", kurz DTI, nennt. Mit ihr ist es möglich, ein detailliertes Bild der Nervenfaservorgänge im Gehirn zu erhalten – dem neuronalen Bereich, in dem Botschaften zwischen den verschiedenen Teilen des Denkapparates ausgetauscht werden. Die DTI-Technik war zuvor noch nie bei einem MCS-Patienten eingesetzt worden.

Der erste DTI-Scan, der acht Monate nach Wallis ersten Worten aufgenommen wurde, zeigte noch deutliche Gehirnschäden. Verglichen mit 20 Gehirnen gesunder Personen zeigte die Gesamtstruktur seiner Nervenfasern eine starke Degeneration auf. „Das allein ist schon enorm zu wissen – damit wurde uns klar, wie stark eine Verletzung sein kann und trotzdem ein Selbstheilungsprozess möglich ist", sagt Schiff.

Doch die Forscher sahen auch, dass ein großer Bereich in der Hinterseite von Wallis Gehirn deutlich mehr Nervenfasern aufwies, die alle in die gleiche Richtung deuteten – was belegte, dass sich neue Verknüpfungen bildeten, um verschiedene Gehirnteile wieder miteinander zu verbinden. Das ungewöhnliche Muster umfasste einen Bereich des Gehirns, der normalerweise im bewussten Wachzustand hohe Aktivität zeigt, im Schlaf- und Betäubungszustand jedoch nicht, wie Steven Laureys, Neurologe an der Universität von Lüttich, erklärt.

18 Monate nach der ersten Untersuchung hatte sich Wallis' Zustand noch deutlicher verbessert – er konnte seine vormals gelähmten unteren Extremitäten wieder bewegen, eine Genesung, die so unerwartet kam wie die Wiedererlangung der Sprache, sagt Schiff. Als die Forscher das Gehirn anschließend zum zweiten Mal scannten, zeigte sich, dass die hintere Gehirnregion inzwischen wieder im Normalzustand war, während ein anderer Bereich, der die Bewegung reguliert, mehr Verbindungen zeigte.

10 Aufrufe an meine Mitmenschen

1. Ich bin nicht mehr der, der ich einmal war. Ich bin ein anderer geworden. Bitte respektiert mich, auch wenn ihr mich kaum wiedererkennt.
2. Wenn ihr mit mir sprecht, dann sprecht langsam und deutlich. Ich verbinde innerlich Bilder damit.
3. Vermeidet Lärm und Aufregung. Es irritiert mich in Raum und Zeit.
4. Seid geduldig mit mir, wenn ich euch mehrfach das Gleiche frage.
5. Sprecht mich direkt an und nicht über andere.
6. Schaut mich an, wenn ihr mit mir sprecht. Achtet darauf, dass ich eure Körpersprache fühlen und eure Mimik erkennen kann.
7. Lasst mir Zeit, euch zu antworten.
8. Respektiert meine Scham- und Schuldgefühle.
9. Versucht, mich so zu lieben, wie ich bin. Schenkt mir kein Mitleid, sondern Verständnis und Unterstützung.
10. Passt auf mich auf, aber bevormundet mich nicht.

Kleine Fibel für Angehörige

Einen Schlaganfall erleiden nie die betreffenden Menschen alleine, stattdessen betrifft es die ganze Familie. In Deutschland werden rund 750.000 Menschen stationär in Pflegeeinrichtungen versorgt. Die Zahl der zu Hause versorgten Angehörigen ist deutlich höher und wird derzeit vom Sozialverband VdK Deutschland auf ca. 4 Millionen Menschen, mit unterschiedlichen Handicaps und Pflegestufen, geschätzt. Diese Pflege oder Unterstützung ist keine Selbstverständlichkeit und wer diese Tätigkeit ausführt, kann mehr als stolz auf sich sein.

Doch einfach ist die Situation in der Regel nicht. Auf den Schultern der Angehörigen lastet enormer physischer, psychischer und finanzieller Druck. Würde man die Arbeit, welche pflegende Angehörige leisten, honorieren wollen, so müsste der Prozentsatz der Pflegeversicherung von derzeit 2,35 % auf mehr als 5 % ansteigen. Diese Angehörigen sind also auch volkswirtschaftlich gesehen eine tragende Säule.

Doch dies ist nur die eine Seite der Medaille. Mit einem Schlag platzen gemeinsame Lebensträume und Philosophien, Beziehungen stehen vor einer Zerreißprobe. Plötzlich ist der Partner oder ein Elternteil auf Hilfe, Unterstützung und Förderung angewiesen und das Leben muss komplett umgekrempelt werden. Gerade jetzt ist Zeit, Geduld und Einfühlvermögen gefragt.

Nicht selten bilden sich die körperlichen Handicaps wie Lähmungen, Sprachstörungen oder Denkschwierigkeiten wieder fast 100 % zurück. Doch es gilt auch, die Krankheit im psychischen Bereich zu verarbeiten. Die Angst wieder einen solchen „Schlag" zu erleiden, hält die meisten Betroffenen gefangen. Jede kleine Veränderung im und am Körper wird beobachtet und beachtet. Noch schwieriger ist es, wenn sich die Persönlichkeit eines vorher vertrauten Schlaganfall-Patienten verändert hat. Auf Hilflosigkeit und den plötzlichen Wegfall der Autonomie reagieren die Betroffenen zunächst mit Verzweiflung und Depressionen, andere werden aggressiv und ungerecht.

Häufig ist dies die Folge einer Schädigung im Bereich der Gefühlskontrolle im Gehirn, sodass der Angehörige sich in bestimmten Situationen unpassend oder unkontrolliert verhält. Dies führt bei naheliegenden Personen häufig zu seelischen Verletzungen, welche zusätzlich belasten. In diesem Fall ist es für Angehörige wichtig, die Aggression und Tränen nicht automatisch auf sich zu beziehen, auch wenn dies durch die Belastung mehr und mehr schwerfallen kann.

Angehörige sind ohne Zweifel die wichtigsten und vertrautesten Helfer von Personen, welche an einem Hirninfarkt erkrankt sind. Sie sind die Brücke zurück in ein möglichst normales und selbstständiges Leben. Meist sind Sie Krankenschwester/Krankenpfleger, Gesprächs- und Bewegungstherapeut/innen in einem. Aber oft kommen auch den Angehörigen Zweifel, ob das, was sie tun, das Richtige ist. Hier ein paar Hinweise zur Unterstützung im Umgang mit den Angehörigen:

Liebevoll und mit Respekt begegnen: Treffen Sie keine Entscheidung über den Kopf des Betroffenen hinweg. Er/Sie ist erkrankt, aber nicht entmündigt.

Fördern statt immer helfen: Um die Abläufe des täglichen Lebens wieder zu erlernen, bedarf es der ständigen Wiederholung einer Tätigkeit. Ständiges Bemuttern und Abnehmen von Handlungen im täglichen Trainingsparcours sind daher nicht von Vorteil. Greifen sie helfend ein, wenn der Betroffene alleine die Situation überhaupt nicht bewältigen kann oder zu erschöpft dafür ist.

Achten Sie aber auch auf die Menschen, welche durch ihre enorme Euphorie den Trainingsparcours in ein Dauertraining verwandeln. Dies kann für den körperlichen Organismus zur Überforderung führen, was einen Rückfall oder Stagnierung in der Rehabilitation zur Folge haben kann.

Das Leben mit einer Behinderung ist sehr anstrengend und Ruhephasen sind daher dringend erforderlich.

Selbstvertrauen und Lebensfreude stärken: Durch die Einschränkung vieler Fähigkeiten, welche im vorherigen Leben als selbstverständlich galten, kommt es häufig zur Beeinträchtigung des Selbstwertgefühls und der Lebensfreude. Versuchen Sie, ein „normales" Leben einzuführen. Machen Sie, soweit dies möglich ist, gemeinsame Ausflüge, treffen Sie Freunde oder kochen sie gemeinsam etwas. Versuchen sie, einmal kurz die Realität beiseitezuschieben.

Motivieren statt korrigieren: Nach einem Schlaganfall ist es für den Betroffenen als auch für seine Angehörigen wichtig, dass es weitergeht. Jeder kleine Fortschritt zählt und sollte gebührend gewürdigt werden. Menschen, die einen Schlaganfall erlitten haben, sollten möglichst viel Selbstständigkeit zurückgewinnen. Es geht nicht darum, dass das Ergebnis perfekt ist.

Und noch ein wichtiger Hinweis für Angehörige: Denken Sie auch an sich! Sie erbringen derzeit, ähnlich wie der Schlaganfallbetroffene, eine hohe Leistung, welche einen hohen Energieverbrauch nach sich zieht. Nehmen Sie Rücksicht auf sich und gönnen sie sich Pausen, um regenerieren zu können. Pflegen Sie Sozialkontakte und halten Sie an der Freude am Leben fest. So werden Sie und der Betroffene die schwierige Situation gemeinsam meistern.

Anmerkungen & Tipps

Die sieben wichtigsten Vitalstoffe nach einem Schlaganfall

Vitamine der B-Gruppe, vor allem die Vitamine B6, B12 und Folsäure sind wichtig. Fehlen sie, kann der Homocysteinspiegel im Körper ansteigen. Homocystein ist eine Aminosäure, die Schwefel enthält und Zellen schädigt, die die Gefäßwände auskleiden. Sind in diesen Zellen durch das Homocystein erst einmal Risse entstanden, können sich schnell die schädlichen Ablagerungen bilden, die dann zur Verengung der Arterien führen. Weiter wird der Homocysteinspiegel heute noch nicht standardmäßig gemessen. Sie sollten ihn aber regelmäßig überprüfen lassen, wenn in Ihrer Familie bereits Schlaganfälle aufgetreten sind. Ist er hoch, sollten Sie einen Vitamin-B-Komplex einnehmen. So können Sie den Homocysteinspiegel senken und Schäden an der Gefäßwand vorbeugen.

Vitamin C. Eine japanische Studie hat wieder bestätigt: Eine hohe Vitamin-C-Konzentration im Blut hatte ein niedriges Schlaganfallrisiko zur Folge. Weiterhin wissen wir aus der Medizinforschung der letzten Jahre, dass Vitamin C den Blutdruck senken kann und somit einen großen Risikofaktor des Schlaganfalls minimiert. Die Schlaganfallzahlen sinken, so weiß man jedenfalls, wenn der Verzehr von Obst und Gemüse gesteigert wird. Ob Vitamin-C-Präparate das gleiche Ergebnis haben, ist strittig.

Vitamin A und E: Diese beiden Vitamine wirken als Antioxidantien in Ihrem Körper. Sie können freie Radikale unschädlich machen. Dadurch kommt es nicht zu Zellschäden am Gehirn und natürlich auch nicht an anderen Gefäßen. Ausreichend Vitamin A erhalten Sie mit 100 g Grünkohl oder 80 g Karotten, Vitamin E mit 40 g Walnüssen, 19 g Sonnenblumenöl oder 200 g Schwarzwurzeln pro Tag.

Omega-3-Fettsäuren: Sie sind reichlich in frischem Meeresfisch, gerade in fetten Sorten wie Lachs, Makrele oder Hering enthalten. Eine hervorragende pflanzliche Quelle für Omega-3-Fettsäuren stellt Leinöl dar. Diese Fettsäuren halten Ihre Blutgefäße elastisch und senken den Blutdruck. Dadurch verbessert sich die Fließeigenschaft Ihres Blutes, Blutgerinnsel können sich nicht bilden. Sie sollten daher dreimal pro Woche Fisch auf Ihren Speiseplan stellen oder häufig Leinöl verwenden.

Alpha-Linol-Säuren: Sie sind nicht nur in Olivenöl, sondern auch in Rapsöl reichlich enthalten. Diese Säuren helfen gegen die Bildung von Blutgerinnseln, aber sie sind auch in der Lage, Cholesterinablagerungen an den Gefäßwänden wieder zu beseitigen. Wichtig ist, dass das Olivenöl möglichst jung ist. Auf dem Etikett sollte „Extra Vergine“ stehen. Dieses Olivenöl erhalten Sie u. a. in Naturkostläden.

Flavonoide: Diese Pflanzenschutzstoffe haben genauso wie die Vitamine A und E eine antioxidative Wirkung, können damit die Arterienverkalkung bremsen oder sogar verhindern. Besonders wichtig für Ihre Gesundheit sind die Flavonoide des Apfels. Warum, ist leider noch nicht genau bekannt. Darüber hinaus enthält der Apfel 300 weitere Gesundstoffe. Wir wissen, dass viele dieser Stoffe zur Schlaganfallvorbeugung beitragen. Nur das Wie ist noch nicht erforscht.

Apfelsaft: Es mag Ihnen im ersten Moment seltsam vorkommen, den Apfelsaft unter den Vitalstoffen zu finden. Aber in seiner Eigenschaft als Schlaganfallvorbeuger gehört er hier auf jeden Fall hin. Wissenschaftler der Universität Jena haben durch Blutuntersuchungen bei regelmäßigen Apfelsafttrinkern nämlich festgestellt, dass das Blut wenig Cholesterin LDL enthält. Es mangelte ihnen also genau an dem Stoff, der die Verkalkung begünstigt.

Auch **Salbei** hat seine berechtigte Anwendung: In alten Zeiten war der Salbei hoch berühmt und eine der meist verwendeten Heilpflanzen. Sein Name leitet sich ab von der altrömischen Bezeichnung: Salvia salbatrix, die rettende und heilende Pflanze. In Südeuropa wächst der Salbei wild. Bei uns wird er in verschiedenen Sorten angebaut. Ob mit blauen, gelben oder weißen Blüten, ob als Königswiesen- oder Gartensalbei, er gehört zu den wichtigsten Schätzen, welche die Pflanzenwelt unserer Heimat bietet.

Auch der **Ingwer** hat seine Bedeutung: Die Römer verlangten Steuern für die heilende Wurzel, so lieb und teuer war ihnen der Ingwer. Heute findet Ingwer auch bei uns in Medizin und Küche mehr und mehr Wertschätzung. Ingwer ist vor allem reich an ätherischen Ölen, wie Zingiberen, Zingiberol, Chineol und Citral.

So gesund ist auch die **Avocado:**

1. Die Avocado hat einen hohen Gehalt an essenziellen Aminosäuren, die der Körper mit der Nahrung aufnehmen muss, weil er sie selbst nicht produzieren kann.
2. Sie bietet eine Menge komplexer Kohlenhydrate, die einen hohen Sättigungswert haben und zu einem geringen Zuckeranstieg nach dem Essen führen.
3. Verfügt über einen hohen Anteil von unverdaulichen Faserstoffen.
4. Bringt ein breites Spektrum von wertvollen Minerastoffen und Spurenelementen mit: Kalium, Magnesium, Phosphor, Kalzium, Eisen, Kupfer und Mangan.
5. Enthält viele einfach ungesättigte Fettsäuren, insbsondere Ölsäure, die sich positiv auf den Fettspiegel auswirken. Zudem brauchen die fettlöslichen Vita-

mine A, D, E und K Fett, damit sie vom Körper überhaupt aufgenommen werden können.

6. Ist eine gute Vitaminquelle. Sie enthält pro Vitamin A, C, D, K, E und viele B-Vitamine. Außerdem ist das Verhältnis der herzgesunden Fettsäuren Alphalinolensäure zu Omega-3-Säure und Alphalinolensäure zu Omega-6-Fettsäuren zueinander mit 1:4 ideal. 100 g Walnüsse enthalten 9 g Alphalinolensäure. Walnüsse senken sogar stärker das schlechte LDL-Cholesterin als fetter Seefisch. Schon eine Handvoll Walnüsse am Tag reichen dazu aus.

Paprika, die bunte Vitamin-C-Bombe. Wegen des hohen Kalziumgehaltes tut Paprika den Knochen und Gelenken gut. Auch bei Durchfall und Verdauungsstörungen hat sich der Verzehr von Paprika bewährt. Das liegt an dem scharf schmeckenden Stoff Capsaicin, er sitzt vorwiegend in den weißen Scheidewänden der Früchte.

Ob grün, gelb oder rot ist eine Frage der Reife. Die Farbe der Paprikas zeigt, in welcher Reifephase die Schoten geerntet wurden. Grüne Paprika sind unreife Schoten, haben noch wenig Eigengeschmack und enthalten auch weniger Vitamine als die roten. Grüne Paprika genießt man am besten gekocht oder gebraten. Bei gelben Schoten ist der Reifegrad schon etwas ausgeprägter, was sich im Geschmack und Aroma zeigt.

Eine voll ausgereifte Paprikaschote erstrahlt in kräftigem Orange oder Rot. Sie hat einen sehr intensiven Geschmack und ist besonders aromatisch.

Weintrauben halten die Gefäße frei. Es gibt sie in rot und blau, klein und groß, mit und ohne Kerne. Weintrauben gehören zu den ältesten und beliebtesten Kulturpflanzen der Menschen.

Wer die gesunden Früchte nur zu Wein verarbeitet, tut ihnen Unrecht, denn Trauben, egal in welcher Form und Farbe strotzen vor gesunden Pflanzenstoffen.

Pflanzenöstrogen: Zu den wichtigsten Inhaltsstoffen von Weintrauben gehört Resveratrol. Dabei handelt es sich um bioaktive Substanzen aus der Gruppe der Pflanzenöstrogene, Resveratrol bekämpft Substanzen, die unsere Zellen schädigen. Es verhindert, dass das Blut verklumpt und hemmt Entzündungen in den Gefäßen. Außerdem senkt das Resveratrol den Cholesterinspiegel.

Rote Bete senken den Blutdruck: Ob aus dem Glas oder ganz frisch zubereitet, Rote Bete sind nicht nur knackig ein Hit, sondern senken auch den Blutdruck.

Herz- und Kreislauf: Rote Bete enthalten Nitrat. Dies ist eine chemische Verbindung, die einer Studie zufolge den Blutdruck senkt. Im Körper wird der Stoff in Nitrit umgewandelt, der die Gefäße erweitert. Am besten täglich zwei Gläser Rote Bete zu sich nehmen, oder mehrmals in der Woche ein bis zwei Knollen essen.

Vor Schlaganfall und Herzinfarkt schützt die rote Knolle mit dem Vitamin Folsäure und dem sogenannten Betanin. Der Farbstoff sorgt nicht nur für das kräftige Rot, sondern schleust auch schlechtes Cholesterin aus dem Körper. Außerdem wehrt das Betanin Viren und Bakterien ab.

Wie viel Wasser ist zu viel?

Keine Frage, genug trinken ist wichtig und gesund. Aber wie viel ist ungenügend? Jahrelang kursierte das gefährliche Gerücht, es sei niemals zu viel Wasser. Dieser Irrtum kann zu einer tödlichen Wasservergiftung führen.

Logisch, Wasser ist lebenswichtig. Schließlich besteht jede einzelne Körperzelle zum größten Teil aus dem klaren Nass. Wasser kann, neuen Studien zufolge, sogar beim Abnehmen helfen und es stärkt in der Erkältungssaison die Abwehrkraft der Schleimhäute. Nach wenigen Tagen ohne Zufuhr würde der Körper austrocknen und der Tod durch Verdursten folgen.

Beeren aktivieren Müllschlucker im Kopf

„Beerengesund" wäre der passende Ausdruck für alles, das vielen Krankheiten vorbeugt, wie die bunten Früchte, denn sie wirken entzündungshemmend und senken das Krebsrisiko. Und als wäre das noch nicht genug, verbessert das Obst die Funktion des alternden Gehirns.

Beerenobst hilft dem Gehirn, giftige Abfallprodukte zu beseitigen. Das zeigt eine aktuelle Studie aus den USA. Als Modell wählten die Forscher aus Boston Ratten, deren Gehirne sie künstlich altern ließen. Einer Gruppe von Tieren fütterten sie 30 Tage lang Heidelbeeren und Erdbeeren zu, die andere Gruppe bekam kein Obst. Mit dem Ergebnis, dass die Ratten, die mit Beeren gefüttert wurden, signifikant besser vor den Abbauprozessen gefeit waren.

Himbeeren: wunderbar für die Gesundheit

Schon die Menschen der Steinzeit haben sich an den leckeren Himbeeren erfreut, die botanisch wie die Brombeeren zu den Rosengewächsen zählen und eigentlich gar keine Beeren sind, sondern sog. Sammelsteinfrüchte. Wieso Sie mit den aromatischen Himbeeren dem Krebs eins auswischen und was sonst noch in den gesunden Multitalenten steckt, ist die Frage. Himbeeren, die Apotheke im Garten: Der deutsche Name Himbeere stammt von bäriger Hirschkuh ab. Sie hat von Mai bis August Saison. Späte Sorten tragen auch noch im Oktober Früchte. Jedenfalls können sich Besitzer einer Himbeerhecke freuen, denn sie haben die Apotheke praktisch im Garten. Himbeeren sind reich an Vitaminen, Spurenelementen und sekundären Pflanzenstoffen.

Eisen, Kalzium, Pflanzenstoffe: Das bewirkt die Himbeere im Körper.

Neben Provitamin A und Vitamin B enthalten Himbeeren jede Menge Vitamin C, schon 150 g enthalten ein Drittel des benötigten Tagesbedarfs eines Erwachsenen. Der Gehalt an Eisen in Himbeeren ist bemerkenswert, deshalb wirkt die rote Frucht blutreinigend und blutbildend und zusammen mit Vitamin C kann der Körper das Eisen gut verwerten.

Auch Folsäure, Magnesium und Kalium zählen zu den wertvollen Stoffen in Himbeeren. Flavonoide haben einen antioxidativen und blutreinigenden Effekt und können somit entzündlichen Prozessen vorbeugen.

Gesunde Walnüsse: Vier Gründe sie öfter zu knabbern

Walnüsse haben es in sich. Sie enthalten mehr Omega-3-Fettsäuren als Fisch und dem gesunden Kern werden noch weit mehr positive Wirkungen zugeschrieben. Die medizinische Forschung kennt mindestens vier Gründe, öfter mal eine Handvoll Walnüsse zu knabbern.

Walnüsse schmecken lecker und können für unsere Gesundheit sehr viel tun, wie zahlreiche Studien zeigen. Sie regelmäßig zu knabbern, kann die Denkleistung ankurbeln, das Herz schützen. Und bei all dem machen gesunde Walnüsse nicht einmal dick, obwohl sie mehrfach ungesättigte Fettsäuren in hoher Konzentration enthalten.

Walnüsse senken den Cholesterinspiegel

Auch die Harvard-Universität konnte bestätigen, dass Walnüsse das Cholesterin senken und dabei das Gewicht dennoch nicht beeinträchtigen. Eine Ernährung, ergänzt durch Walnüsse, senkt das Gesamtcholesterin und vor allem das schlechte LDL-Cholesterin. Damit lässt sich das Risiko für Herz-Kreislauferkrankungen verringern. Dieser positive Effekt wird durch eine Auswertung mehrerer Studien der Harvard-Universität bestätigt.

Preiselbeeren, kleine purpurrote Wirkstoffbomben

100 g Preiselbeeren haben 36 Kalorien und fast 88 g Wasser, der Fettanteil liegt bei 0,5 g. Zudem enthalten sie sehr viel Vitamin C, Magnesium, Kalium und Kalzium. Dazu kommen Beta-Carotin, Vitamine B1, B2 und B3. Wichtig aber ist, ihr hoher Gehalt an Antrocyan. Das sind im Grunde die Pflanzenfarbstoffe. Sie zählen zu den sekundären Pflanzenstoffen und in dieser Klassifizierung zu den Polyphenolen. In der Ernährungsforschung wurde deutlich, dass sie zerstörerische Reaktionen im menschlichen Körper vorbeugen und vor allen freien Radikalen schützen.

Fitnesstraining, die Brücke zurück zur Gesundheit

Nach einem Schlaganfall verbessert Fitnesstraining die Gesundheit und Mobilität.

Ein Schlaganfall, auch Hirnschlag genannt, schädigt das Gehirn, weil er dessen Blutversorgung unterbricht. Die meisten Menschen überleben einen Schlaganfall. Er kann jedoch Lähmungen in bestimmten Körperteilen verursachen oder zu Problemen bei verschiedenen körperlichen Funktionen führen, z. B. beim Sprechen. Psychische Folgen wie Depressionen sind ebenfalls möglich.

Nach einem Schlaganfall ist es oft von besonderer Bedeutung, die Mobilität, Kraft und Sprache wieder zu erlangen, sowie Einschränkungen der Unabhängigkeit möglichst rückgängig zu machen. Auch die emotionale Stabilität wieder herzustellen, ist sehr wichtig.

Körperlich fit zu bleiben, mag auf den ersten Blick vergleichsweise unwichtig erscheinen. Doch wenn man sich schlechter bewegen kann, leidet nicht nur die Fitness darunter. Wer weniger fit ist, dem fällt es womöglich auch schwerer, Übungen zu machen, die die Genesung unterstützen und die Unabhängigkeit erhalten. So könnte ein Teufelskreis entstehen. Wenn man weniger fit ist, ist man auch nicht so aktiv, und dadurch lässt die Fitness noch weiter nach.

Wissenschaftlerinnen und Wissenschaftler des Internationalen Forschungsnetzwerkes Cochale Colaboration haben nach Studien gesucht, die den Nutzen von Fitnesstraining nach einem Schlaganfall untersucht haben. Sie haben nach sogenannten randomisierten kontrollierten Studien gesucht, da diese Art von Forschung die beste Möglichkeit darstellt, festzustellen, wie sich medizinische Behandlung auf die Gesundheit auswirkt. Die Wissenschaftlergruppe fand Studien mit insgesamt knapp 2200 Frauen und Männern, die einen Schlaganfall hatten. Ihr Durchschnittsalter war 64 Jahre. In den Studien wurden folgende drei Trainingsarten untersucht:

1. Sog. Herzkreislaufprogramme für die Fitness von Herz und Lunge (22 Studien)
2. Krafttraining (8 Studien)
3. Programme, die Herz-Kreislauf-Training und Kraftraining kombinieren (15 Studien)

Die häufigste Form des Herz-Kreislauf-Trainings waren Walking-Programme (Gehtraining), die darauf abzielen, die Gehzeit und die Gehgeschwindigkeit zu erhöhen. Außerdem gab es Programme, die die Selbstständigkeit beim Laufen fördern sollten. Ein Fitnessprogramm bestand z. B. aus etwa 20-minütigem Gehtraining dreimal pro Woche. Bei einigen Programmen kamen auch Laufbänder oder Fahrradergometer zum Einsatz. Manche Programme begannen innerhalb weniger Wochen nach dem Schlaganfall während der Rehabilitation, andere setzten nach Abschluss der normalen Rehabilitation ein.

Ich habe bei meiner Rehabilitation das Milon-Training durchgeführt und konnte bereits nach acht Wochen wieder langsam joggen. Anzumerken ist, dass ich früher ein begeisterter Marathonläufer und Fahrradfahrer war.

Die Akzeptanz für diese Programme war bei mir recht hoch. Auch in den vorgenannten Studien war die Akzeptanz bei diesen Fitnessprogrammen recht hoch. Durch diese Fitnessmaßnahmen nahmen die körperlichen Einschränkungen durch den Schlaganfall ab. Auch Programme, die Herz-Kreislauf- und Krafttraining kombinierten, verbesserten die Mobilität. Krafttraining allein hatte keinen Einfluss auf die Mobilität. Wie sich alleiniges Krafttraining darüber hinaus auswirken könnte, ist bisher nicht ausreichend untersucht.

Kraft und Fitness nach einem Schlaganfall wieder zu erlangen, standen bei mir an oberster Stelle, denn sie erhöhten meine Autonomie.

Anmerken möchte ich, dass jeder Schlaganfallpatient sich derartigen Programmen unterziehen sollte, da bereits kleine Verbesserungen einen spürbaren Fortschritt für jeden Einzelnen bedeuten.

Traditionelle Chinesische Medizin

Die Vorgeschichte

Als ich am Mittwoch, den 17. September 2014, in meinem Auto nach Braunfels in die Reha-Klinik fahre, in der Dr. Herr liegt, gehen mir Bilder aus der Vergangenheit durch den Kopf. Dr. Wilfried Herr und ich kennen uns zu diesem Zeitpunkt seit ziemlich genau fünf Jahren. Er ist in unserer Region ein weithin bekannter und geschätzter Allgemeinmediziner, Arzt mit Leib und Seele. Seit 30 Jahren hat er sich mit scheinbar grenzenlosen Energiereserven um die medizinische Versorgung der Menschen in Mittelhessen und angrenzenden Regionen bemüht. Von Hause aus Schulmediziner hat er im Laufe der Jahre ein zunehmend starkes Interesse an naturheilkundlichen Themen entwickelt und sich neben seiner praktischen Tätigkeit auch intensiv darin fortgebildet. So war es beinahe unausweichlich, dass wir uns eines Tages begegneten. Ich war im Sommer des Jahres 2009 nach neun Jahren des Studiums in China nach Deutschland zurückgekehrt. Das Schicksal hatte uns in die wunderschöne mittelhessische Fachwerkstadt Herborn geführt, wo meine Frau eine interessante Arbeitsstelle gefunden hatte. Ich als freiberuflich tätiger Heilpraktiker hatte nach der langen Zeit im Ausland auch meine festen Wurzeln in meiner Heimatstadt Berlin verloren. So war es für mich nicht so wichtig, wo wir uns niederließen. Eine schöne, bergige und waldreiche Gegend hatte ich mir gewünscht – und genau so kam es. Wir landeten in Herborn im idyllischen Lahn-Dill-Bergland, am Fuße des Westerwaldes. Nur etwa zwölf Kilometer entfernt von Herborn liegt der kleine Ort Beilstein, in dem Dr. Herr seine ganz und gar nicht kleine Praxisklinik aufgebaut hatte. Auf der Suche nach naturheilkundlichen Kollegen hatte ich Dr. Herr im Sommer 2009 kennengelernt und wir haben seither einen sehr angenehmen kollegialen Austausch gepflegt. Wenn ich schulmedizinische Fragen hatte, konnte ich mich immer an ihn wenden und er war auch immer sehr interessiert, meine Sichtweise der traditionellen Chinesischen Medizin (TCM) zu verschiedenen Themen zu erfahren. Auch über psychologische, philosophische und religiöse Themen haben wir uns immer wieder unterhalten. So ist im Laufe der Zeit eine sehr schöne kollegiale Freundschaft zwischen uns entstanden. Ich habe ihn immer sehr bewundert für seine enorme Schaffenskraft und Willensstärke. Er hat sich unermüdlich für seine Patienten und seine Mitarbeiter eingesetzt. Ich habe ihn als unheimlich starken, souveränen, charismatischen, aber auch sehr einfühlsamen und verständnisvollen Menschen erlebt. Beruflich wie privat schien bei ihm alles bestens zu laufen. Er war in der Blüte seines Lebens. Nur war er vielleicht etwas zu aktiv, hätte sich mehr Ruhe gönnen sollen. Von einem Tag auf den anderen war das aktive Leben mit Vollgas auf der Überholspur dann plötzlich vorbei. Als mich seine Frau anrief und mir sagte, dass Wilfried einen schweren Schlaganfall erlitten hatte, konnte ich es kaum glauben. Dass dieser sonst so vor Kraft strotzende Mann nun halbseitig gelähmt sein soll und kaum noch sprechen kann, konnte ich mir gar nicht vorstellen. Aber schließlich kann das jeden ereilen und wir mussten uns der unerfreulichen Situation stellen. Als seine Frau mich fragte, ob ich ihn während seiner Rehabilitation mit Akupunktur behandeln könnte, habe ich natürlich sofort zugesagt. Die Behandlung von Schlaganfallfolgen mit Akupunktur ist für mich seit meinem ersten Studienaufenthalt in China 1994 eine der selbstverständlichsten Sachen der Welt. Als ich dort nach meiner ersten Akupunkturausbildung in Berlin ein Praktikum in einem TCM-Krankenhaus in Peking machte, hatte ich den Eindruck, dass Patienten mit Schlaganfall und Fazialisparese (Gesichtsnervenlähmung) den größten Teil der Patienten in der Akupunkturabteilung ausmachten. So hatte ich also ganz am Anfang meiner TCM-Karriere schon reichlich Gelegenheit gehabt, Akupunkturtechniken zur Behandlung von Schlaganfallfolgen zu erlernen. Später, bei meinem TCM-Master-Studium an der *Zhejiang Chinese Medical University* in China, hatte ich dann noch die dazugehörigen Behandlungsstrategien der chinesischen Phytotherapie dazugelernt. Dank dieser gut fundierten Ausbildung war ich also in der Lage, Dr. Herr in dieser schwierigen Situation tatkräftig zu Seite stehen zu können.

Nachdem wir einen Termin im Zimmer der Reha-Klinik vereinbart hatten, in der Dr. Herr nach der intensivmedizinischen Behandlung lag, machte ich mich auf den Weg zu ihm. Es war herrlichstes Spätsommerwetter mit strahlend blauem Himmel. Nachdem ich eine halbe Stunde über Landstraßen durch unsere schönen Wälder gefahren war und meinen Erinnerungen an die Begegnungen der vergangenen Jahre mit Dr. Herr nachhing, erschien vor mir die imposante Silhouette des Schlosses Braunfels. Ich fand den Weg zur Klinik, fand einen Parkplatz und ging hinein. Ich habe früher viele Jahre in Krankenhäusern gearbeitet. Die Atmosphäre dort ist überall ähnlich. Sie hat doch trotz aller Geschäftigkeit immer etwas Beklemmendes, Trauriges. Das empfand ich auch diesmal wieder, als ich die Treppen in den zweiten Stock hochstieg. Auf der Station sah ich zur Linken Pflegepersonal untereinander diskutieren. Zur Rechten fiel mir ein typisches Plakat auf, wie es häufig in Krankenhäusern oder Arztpraxen hängt. Irgendwelche gut gemeinten Hinweise zur Prophylaxe oder Früherkennung von Krankheiten, die doch kein Mensch liest oder doch gleich wieder vergisst, falls er es aus purer Langeweile tatsächlich liest. Dann fiel mein Blick auf eine ungefähr 65-jährige Dame, die im Rollstuhl vor dem leeren Speisesaal stand und teilnahmslos vor sich hinstarrte. Wie auf einer Schlaganfallstation nicht weiter verwunderlich war sie halbseitig gelähmt. Doch was mich an ihr erschreckte, war nicht ihre Halbseitenlähmung, sondern ihr leerer Blick. Ich sah einen Menschen, der sich aufgegeben hatte, der sich im wahrsten Sinne des Wortes hängen ließ. Wie ich sie so apathisch in ihrem Rollstuhl hängen sah, wusste ich, dass sie den Rollstuhl bis an ihr Lebensende brauchen wird. Sie wird sich nie wieder aus eigener Kraft daraus erheben. Sollte das auch das

Schicksal meines Freundes Wilfried sein, der auch nur ein paar Jahre jünger war als diese Dame? Das konnte ich mir nicht vorstellen. Dr. Herr war eine Kämpfernatur. Er würde sich niemals in ein solches Schicksal fügen. Er würde dagegen ankämpfen, koste es, was es wolle. Diese Gedanken zu Ende denkend meldete ich mich bei der Stationsschwester als Besucher an und sie zeigte mir freundlich das Zimmer, in dem Dr. Herr lag.

Es war ein bedrückender Anblick, ihn, der sonst so stramm und kraftvoll einherschritt, in sich zusammengesunken, halbseitig gelähmt wiederzusehen. Er freute sich über meinen Besuch, aber ihm war nach kurzem Gespräch schnell anzumerken, dass es ihn unheimlich anstrengte, sich auf unsere Unterhaltung zu konzentrieren. So ging ich also gleich an meine Arbeit, untersuchte ihn und setzte dann meine Akupunkturnadeln. Während der halbstündigen Akupunkturbehandlung bemühten wir uns eine Weile, die Konversation am Laufen zu halten. Doch er schloss immer wieder vor Erschöpfung die Augen. So hörte ich auf zu reden und massierte seine linke Hand, die vollkommen schlaff war. Er hatte überhaupt keine Kraft mehr im linken Arm und konnte die linke Hand weder öffnen noch schließen. Das linke Bein war auch stark gelähmt. Aber zumindest konnte er ein paar Schritte gehen, wenn man ihn stützte. Der Arm und insbesondere die Hand waren also am stärksten betroffen vom Schlaganfall. Im Gesicht sah man noch eine leichte Asymmetrie. Auf der linken Seite waren die Stirnfalten verstrichen und Mund und Augen erschienen noch etwas schief. Sprechen konnte er inzwischen schon wieder, aber die Sprache klang noch etwas verwaschen. Und das Schlimmste war vielleicht diese Müdigkeit! Jede Bewegung, jede mentale Aktivität strengte ihn enorm an. Das spürte er nicht nur selbst – das sah man ihm auch deutlich an.

In der Reha-Klinik hatte er sein tägliches Programm aus Physiotherapie, Ergotherapie, Massage und anderen üblichen Methoden. So habe ich mich dann in seinen Therapieplan eingefügt und kam von diesem Tag an nahezu täglich in den frühen Nachmittagsstunden, wenn er keine anderen Anwendungen hatte. Für die Akupunktur gilt, je häufiger desto besser und je früher man nach dem Schlaganfall mit der Therapie beginnt, desto größer sind die Erfolgschancen.

Hier in Deutschland ist es im Allgemeinen üblich, einen Akupunkturtermin pro Woche wahrzunehmen. Das reicht häufig auch bei Problemen wie Migräne, Spannungskopfschmerzen, Nacken- oder Rückenschmerzen etc. Doch aus China kenne ich das ganz anders. Bei den meisten Beschwerden kommen die Patienten jeden zweiten Tag zur Akupunktur und bei akuten und schweren Erkrankungen wie beim Schlaganfall wird täglich akupunktiert. Daher fuhr ich also jeden Tag nach meiner Vormittagssprechstunde in der Praxis zu Dr. Herr, anfangs in die Reha-Klinik, später zu ihm nach Hause. Die Therapie dauerte jeweils immer eine knappe Stunde. Welche Verfahren der Naturheilkunde ich konkret angewendet habe, will ich hier im Folgenden detailliert beschreiben, um dann abschließend einen Bericht über seinen Genesungsprozess zu geben.

Ich bin ein in China studierter und promovierter TCM-Therapeut. Mein ganzes Leben dreht sich um die TCM. Das Kernstück jeder Behandlung bei mir ist daher natürlich die Traditionelle Chinesische Medizin mit ihren Hauptmethoden der Akupunktur und der chinesischen Phytotherapie. Aber ich schaue auch immer gern über den Tellerrand hinaus und beziehe mitunter andere mir sinnvoll erscheinende Therapieverfahren mit ein. Die Behandlung von Dr. Herr begann ich also mit Akupunktur und chinesischer Phytotherapie. Bevor ich die konkrete Behandlung von Dr. Herr beschreibe, möchte ich einen kurzen Überblick darüber geben, wie man in der traditionellen Chinesischen Medizin den Schlaganfall versteht und behandelt.

Da in meinen Ausführungen immer wieder einige Fachbegriffe der TCM vorkommen werden, will ich diese an dieser Stelle einmal kurz erklären.

Theorie und Praxis der Chinesischen Medizin basieren auf dem Konzept von Yin und Yang.

Das Yin- und Yang-Symbol ist inzwischen auch bei uns allgemein bekannt. Viele wissen, dass es das männliche und weibliche Prinzip darstellt. Doch dies ist nur ein Aspekt unter vielen. Man kann praktisch alle natürlichen Phänomene nach Yin und Yang unterscheiden. Der Tag ist Yang und Nacht ist Yin, Helligkeit ist Yang, Dunkelheit ist Yin, Trockenheit ist Yang, Feuchtigkeit ist Yin usw. In der Medizin sind die Körperfunktionen Yang und die Körpersubstanzen Yin, oben ist Yang, unten ist Yin, ein zu hoher Blutdruck wäre Yang und ein zu niedriger Yin; beim Schlaganfall ist die gelähmte Seite Yin und die gesunde Seite im Vergleich dazu Yang; eine schlaffe Lähmung ist Yin und eine spastische Lähmung im Vergleich dazu Yang.

Hier eine kleine Tabelle mit den wichtigsten Beispielpaaren im Überblick: Tabelle 1: Yin und Yang

Yin	**Yang**
Mond	Sonne
Schatten	Licht
dunkel	hell
Kälte	Wärme
unten	oben
langsam	schnell
feucht	trocken
weich	hart
Unterfunktion	Überfunktion
untere Körperhälfte	obere Körperhälfte
Bauch	Rücken

Ein anderer Begriff, der in Texten über Chinesische Medizin unvermeidbar ist, ist der Begriff des Qi, gesprochen „tchi". Qi ist unsere Lebensenergie. Zusammen mit dem Blut strömt das Qi durch unseren Körper. Man kann es nicht sehen, aber man kann seine Wirkungen spüren: Es wärmt uns, es macht möglich, dass wir uns bewegen können; es lässt uns wahrnehmen, fühlen, schmecken usw. Wir gewinnen unser Qi aus der Nahrung und aus der Atemluft.

Um Qi aufzubauen, müssen wir uns also gesund ernähren und möglichst frische Luft einatmen. Doch es kommt nicht nur darauf an, was und wie viel wir essen und trinken; die Verdauungsorgane müssen auch optimal funktionieren, um möglichst viel Qi aus der Nahrung zu gewinnen. Auch sind Ruhephasen wichtig, um das Qi, das sich bei den täglichen Aktivitäten verbraucht, wieder aufzubauen. Im Schlaf kann das verbrauchte Qi wieder aufgebaut werden. Daher ist es insbesondere bei Qi-Mangel-Zuständen wichtig, ausreichend zu schlafen. Umgekehrt kann man sagen, dass Müdigkeit ein typisches Zeichen für Qi-Mangel ist, wenn auch nicht jede Art von Müdigkeit auf einen Qi-Mangel zurückzuführen ist. Oft ist das Qi lediglich blockiert. Dann reden wir von Qi-Stagnation.

Das Qi fließt durch den Körper durch größere und kleinere Leitbahnen, bestimmte Anteile des Qi auch außerhalb der Leitbahnen durchs Gewebe. Die großen Qi-Leitbahnen, auf denen auch die Akupunkturpunkte der Körperakupunktur liegen, bezeichnet man landläufig als Meridiane. In der Fachsprache reden wir von Leitbahnen. Diese beiden Begriffe meinen also dasselbe. Kleinere Leitbahnen nennen wir Netzgefäße. Genannt werden auch immer wieder Namen von Organen, wie Milz, Magen, Niere usw. Dabei ist stets zu bedenken, dass wir in der TCM zwar die gleichen Namen verwenden wie in der Schulmedizin, damit aber zum Teil ganz andere Konzepte verbinden. Grundsätzlich ist die westliche Schulmedizin anatomisch orientiert, die chinesische Medizin hingegen funktionell. Die Ärzte im antiken China hatten keine exakten anatomischen Kenntnisse, wohl aber eine feine Beobachtungsgabe, was funktionelle Prozesse angeht. Durch klinische Beobachtung haben sie bestimmte Körperfunktionen, Organe und Gewebe miteinander assoziiert. Diese jeweils miteinander verbundenen Körperstrukturen bezeichnen wir als Funktionskreise. Danach gehört beispielsweise die Muskulatur zu Milz und Magen, Augen, Nägel und Sehnen zur Leber usw.

In der folgenden Tabelle sind die wichtigsten Komponenten dieser Funktionskreise aufgelistet: Tabelle 2: Das Entsprechungssystem der Fünf Wandlungsphasen

Wand-lungsphase	Holz	Feuer	Erde	Me-tall	Wasser
Organe	Leber und Gallen-blase	Herz und Dünndarm	Milz und Magen	Lunge und Dick-darm	Niere und Blase
Gewebe	Seh-nen, Finger- und Zehen-nägel	Blutge-fäße	Muskula-tur, „Fleisch“	Haut	Knochen, Knochen-mark, Zäh-ne; Gehirn, Nervensys-tem; Fortpflan-zungsorgane
Sinnesor-gane	Augen	Zunge	Mund	Nase	Ohren
Jahreszeit	Früh-ling	Sommer	Spät-sommer, Erntezeit	Herbs t	Winter
Himmels-richtung	Osten	Süden	Mitte	Wes-ten	Norden
Ge-schmack	sauer	bitter	süß	scharf	salzig
Farbe	grün	rot	gelb	weiß	schwarz

Soviel zu den wichtigsten Begriffen und Konzepten der TCM.

Schlaganfall in der Chinesischen Medizin

Schlaganfall wird in der Chinesischen Medizin als „Wind-Schlag" (*zhong feng*) bezeichnet. Das Wort „Wind" (*feng*) darf man hier nicht allzu wörtlich nehmen. Es bedeutet nicht, dass man einen Schlaganfall bekommt, wenn man starkem Wind ausgesetzt ist. Starker Wind kann zwar bei der peripheren Gesichtsnervenlähmung ein entscheidender Auslöser sein, spielt aber bei der Entstehung des Schlaganfalls keine Rolle. Hierbei versteht man „Wind" als „inneren Wind" und „innerer Wind" ist die Umschreibung eines ungeordneten, aus der Kontrolle geratenen Zustands, wenn die Homöostase des Organismus, also sein inneres Gleichgewicht, nicht mehr aufrechterhalten werden kann, wenn sich das System durch zu starken Stress nicht mehr selbst regulieren und ausbalancieren kann. „Wind" versteht sich hier auch als Gleichnis. So wie sich der Wind in der Natur schnell und ungestüm bewegt, kommt es auch beim Schlaganfall urplötzlich zu einer heftigen innerlichen Bewegung, so als ob eine kräftige Windböe nach oben zum Kopf aufsteigt und dort großen Schaden anrichtet, so wie eine Sturmböe einen Wald verwüsten kann.

Entstehungsmechanismen des Schlaganfalls

Bei Überarbeitung und Stress wird die Yang-Energie, insbesondere das sogenannte Leber-Yang, gereizt und steigt nach oben auf. Dieses ungestüme Nach-oben-Aufsteigen führt zu Kopfdruck, Kopfschmerzen und Schwindel. Bei der Untersuchung wird man dann oft auch einen erhöhten Blutdruck feststellen. Dieses ungestüm nach oben aufsteigende Leber-Yang kann sich zu dem steigern, was wir oben als „inneren Wind" bezeichnet haben. So kommt es dann zum

„Wind-Schlag durch aufsteigendes Leber-Yang und Leber-Wind".

2. Qi-Mangel

Ein anderer Entstehungsmechanismus ist der bei älteren Menschen, die schon lange an chronischen Erkrankungen leiden und aufgrund dessen sehr geschwächt sind: Hierbei kommt es gemäß der TCM-Theorie zu einer Unterversorgung des Gehirns mit nährendem Qi und Blut. Man sagt, das Qi treibt das Blut an und stellt somit die Blutzirkulation sicher. Bei einem schwachen Qi, also bei starkem Energiemangel, kann das Blut nicht mehr ausreichend bewegt werden. So gerät der Blutfluss ins Stocken, wird immer träger und stagniert schließlich. Die Blutversorgung des betroffenen Gehirnareals ist nicht mehr gewährleistet und es kommt zum Ausbruch des Schlaganfalls.

3. Feuchtigkeits- und Schleim-Blockade

Ein dritter Entstehungsmechanismus ergibt sich aus einer ungesunden Ernährung und zu wenig körperlicher Bewegung. Nach der TCM-Theorie sind „Milz und Magen" für die Aufnahme, Umwandlung und Verteilung der Nahrung verantwortlich. Isst ein Mensch gewöhnlich schwer verdauliche, fettreiche und übermäßig süße Nahrung, trinkt dazu noch reichlich süße oder alkoholische Getränke und bewegt sich körperlich zu wenig, wird die Umwandlungs- und Verteilungsfunktion von „Milz und Magen" irgendwann zusammenbrechen. Dann entstehen trübe Substanzen im Körper, die wir in der TCM Feuchtigkeit und Schleim nennen. In der westlichen Naturheilkunde bezeichnet man diese Stoffe gern als Schlacken. In der TCM unterscheidet man zwischen sichtbarem und unsichtbarem Schleim. Sichtbaren Schleim kann man abhusten oder ausschnauben; unsichtbarer Schleim lagert sich im Körperinneren ab, kann zu Knoten unter der Haut führen, zu Tumoren im Körperinneren, zu Schwellungen und Übergewicht. Ja, übermäßiges Fettgewebe, Lipödeme und auch Ablagerungen von Plaques an den Gefäßwänden bzw. Arteriosklerose kann man als Ausdruck dieses inneren, unsichtbaren Schleims auffassen. Schleim und Feuchtigkeit im Gehirn führen erst zu Benommenheit, zunehmender Müdigkeit und Trägheit; die Sinne werden zunehmend trüber und am Ende dieser Entwicklung kann ein Schlaganfall stehen, wenn Qi und Blut aufgrund der Feuchtigkeits- und Schleim-Blockade das Gehirn nicht mehr erreichen können.

4. Nieren-Yin-Mangel mit aufsteigendem Yang

Einen vierten möglichen Entstehungsmechanismus nennen wir in der Chinesischen Medizin „Nieren-Yin-Mangel". Yin ist der nährende, kühlende und befeuchtende Aspekt in der Physiologie der TCM. Das Nieren-Yin ist die Basis des Yin des gesamten Organismus. Das Yin verbraucht sich im Laufe des Lebens, insbesondere wenn man sich körperlich stark verausgabt, ohne auf entsprechende Regenerationsphasen zu achten, üblicherweise durch einen exzessiven Lebensstil im Sinne von „Sex and Drugs and Rock & Roll" oder auch durch chronische Überarbeitung. Ist zu wenig Yin übrig, überwiegt das Yang. Das Yang ist warm, trocknend und drängt nach oben. Überwiegt das Yang und ist die kühlende, nährende und absenkende Wirkung des Yin vermindert, steigt das „verwaiste Yang" ungestüm nach oben auf, ruft Schwindel, Kopfdruck, Kopfschmerzen, Sehstörungen oder erhöhten Blutdruck hervor. Am Ende dieser Spirale kann dann auch ein Schlaganfall stehen.

Arten des Schlaganfalls in der Chinesischen Medizin

Dies waren die vier wichtigsten Entstehungsmechanismen für einen Schlaganfall im Kontext der Chinesischen Medizin. Vom klinischen Erscheinungsbild her unterscheiden wir im Wesentlichen zwei Formen, erstens den Schlaganfalltyp, der auf die Leitbahnen (Meridiane) beschränkt ist und zweitens den Schlaganfalltyp, der nicht nur die Leitbahnen, sondern auch die inneren Organe betrifft.

Bei den Schlaganfallformen, bei denen nur die Meridiane betroffen sind, hat man einen vergleichsweise leichten Verlauf. „Leicht“ ist hier jedoch nur im Vergleich zur schweren Verlaufsform des „Organ-Schlags“ mit Bewusstlosigkeit zu verstehen. Auch beim „Meridian-Schlag“ kann man schwere Verlaufsformen sehen, bis hin zu Halbseitenlähmung und Sprachstörungen. Jedoch ist hier das Bewusstsein nicht nachhaltig gestört.

Sind nur die kleinen Leitbahnen, die sogenannten Netzgefäße betroffen, kommt es lediglich zu Taubheitsgefühlen, Kribbeln und vorübergehender Schwäche in den betroffenen Gliedern. Dies entspricht dem Bild der schulmedizinisch definierten transitorischen ischämischen Attacke (TIA). Sind auch die größeren Leitbahnen, die sogenannten Hauptmeridiane, betroffen, kann es zu plötzlicher Gesichtslähmung, unkontrolliertem Speichelfluss aus dem Mund, Halbseitenlähmung, Kopfschmerzen, Schwindel, Tinnitus, Verlust der geistigen Klarheit, Übelkeit, Erbrechen, ausgeprägtem Schwächegefühl, Sprachstörungen oder Spasmen der Gliedmaßen kommen.

Bei einem „Organ-Schlag“, wird der Betroffene plötzlich bewusstlos, erkennt andere Menschen nicht mehr und alle Muskeln sind spastisch verkrampft.

Die Behandlung der Schlaganfallfolgen mit Chinesischer Medizin

Akut vom Schlaganfall betroffene Patienten müssen selbstverständlich so schnell wie möglich ins Krankenhaus, um dort intensivmedizinisch versorgt zu werden. Doch spätestens sobald die intensivmedizinische Behandlung vorüber ist und die Patienten ihre Rehabilitation beginnen, empfiehlt sich die unterstützende Anwendung der traditionellen Chinesischen Medizin (TCM), um die möglichst vollständige und schnelle Regeneration der ausgefallenen Funktionen zu fördern. Je früher die TCM-Behandlung begonnen werden kann, desto größer sind die Erfolgschancen.

Im Folgenden sollen die einzelnen Methoden der TCM in Hinblick auf die Schlaganfallbehandlung kurz vorgestellt werden.

Akupunktur: Studien zur Anwendung von Akupunktur zur Behandlung von Schlaganfallfolgen

Es gibt bereits eine Vielzahl von Studien, welche die Wirksamkeit der Akupunktur bei der Behandlung von Schlaganfallfolgen belegen. Der überwiegende Teil dieser Studien stammt aus China. Die meisten davon sind noch nicht ins Englische übersetzt worden und die chinesischen Studien, die auf Englisch publiziert worden sind, werden im Westen kaum zur Kenntnis genommen. Europäische Wissenschaftler neigen dazu, alle chinesischen Studien als unwissenschaftlich abzulehnen, weil sie nicht oder nur sehr selten nach den strengen Richtlinien der westlichen Arzneimittelforschung durchgeführt werden. Als ideal und wissenschaftlich korrekt gelten randomisierte Doppelblindstudien. Dabei werden Patienten nach dem Zufallsprinzip in eine Behandlungs- und eine Kontrollgruppe eingeteilt. Beide Gruppen bekommen identisch aussehende Arzneimittel; die Patienten der Behandlungsgruppe bekommen eine Kapsel mit dem zu testenden Wirkstoff und die Patienten der Kontrollgruppe eine Kapsel ohne Wirkstoff, lediglich mit nutzlosem Füllstoff, das sogenannte Placebo. Da muss man nun allerdings die Frage stellen, ob es überhaupt möglich und sinnvoll ist, diese modernen pharmazeutischen Prinzipien auf die traditionelle Chinesische Medizin und insbesondere auf die Akupunktur zu übertragen. Doppelblind ist bei der Akupunktur grundsätzlich unmöglich. In Japan gibt es zwar sehr gute blinde Akupunkteure, doch geht es hier bei der „Verblindung" der Studien nicht darum, ob jemand sehen kann oder nicht. Es geht darum, dass der behandelnde Arzt nicht wissen soll, ob er dem Patienten ein echtes Medikament oder ein Placebo gibt, um eine gewisse suggestive Wirkung auszuschließen. Bei der Akupunktur muss der Arzt aber wissen, was er tut und wohin er die Nadel setzt – ob er nun sehen kann oder nicht. In vielen Studien hat man sich bemüht, der Kontrollgruppe eine Art Placebo-Akupunktur zu geben. Dabei kam es wiederholt zu dem Phänomen, dass die Placebo-Akupunktur annähernd genau so gut wirkte, wie die richtige Akupunktur. Dazu muss man wissen, dass es auch viele Extrapunkte neben den eigentlichen Punkten gibt und ein Akupunkturpunkt nicht ein winziger Punkt ist, sondern die Hautareale in seiner Umgebung auch ähnliche Wirkungen entfalten wie der Hauptpunkt. Also gibt es im Grunde keine Placebo-Akupunktur oder Sham-Akupunktur, wie sie in der Fachwelt auch genannt wird. Jede Nadel kann eine bestimmte Wirkung entfalten, auch wenn sie nicht an den traditionellen Akupunkturpunkten gesetzt wird. Die Wissenschaftler im Westen müssen sich also bemühen, ein sinnvolles Studiendesign für Akupunkturstudien zu entwickeln. Und glücklicherweise sind in diesem Bereich in den letzten Jahren auch schon große Fortschritte zu verzeichnen. Das Randomisieren, also das Aufteilen der Patienten in zwei Gruppen, lässt sich zumindest bei größeren Patientenzahlen leicht realisieren.

In einer Studie des schwedischen Neurologen Dr. K. Johansson[i] wurden 78 akute Schlaganfallpatienten vier bis zehn Tage nach ihrem Schlaganfall in zwei Gruppen aufgeteilt; 38 gehörten zur Behandlungsgruppe und 40 zur Kontrollgruppe. Die Patienten der Behandlungsgruppe bekamen zusätzlich zur Akupunktur die reguläre schulmedizinische Behandlung inklusive Physiotherapie und Ergotherapie. Diese Patienten bekamen zweimal wöchentlich über zehn Wochen insgesamt 20 Akupunkturbehandlungen. Die Patienten in der Kontrollgruppe bekamen nur die herkömmliche Behandlung inklusive Physiotherapie und Ergotherapie, jedoch keine Akupunktur. Unter den Akupunkturpatienten sah man signifikante Verbesserungen in Bezug auf das Laufen, den Gleichgewichtssinn, ihre Fähigkeiten alltägliche Dinge zu verrichten, ihre Lebensqualität, Mobilität und in Bezug auf ihren emotionalen Zustand. Die Autoren vermuten, dass die emotional ausgleichende Wirkung vielleicht der wichtigste Aspekt der Akupunkturwirkung war. Die erzielten positiven Ergebnisse waren auch langfristig anhaltend. Sogar bei der Nachuntersuchung nach einem Jahr zeigten diese Patienten weiterhin größere Verbesserungen als die Patienten der Kontrollgruppe. Da die mit Akupunktur behandelten Patienten schnellere und größere Fortschritte machten, konnten sie früher aus dem Krankenhaus entlassen werden. Pro Fall ergab sich daraus laut Berechnung der Autoren eine Kosteneinsparung von 26.000 US-$.

In einer kontrollierten Studie aus Taiwan von Hu und Mitarbeitern[ii] wurden 30 Patienten nach einem akuten Schlaganfall mit Akupunktur behandelt. Die Behandlung begann innerhalb von 36 Stunden nach dem Schlaganfall und wurde drei Mal pro Woche über vier Wochen hinweg durchgeführt. Zusätzlich zur Akupunktur bekamen die Patienten die herkömmliche unterstützende Behandlung. Nach einem Monat und nach drei Monaten wurden die Verbesserungen dieser Patienten mit denen einer Kotrollgruppe verglichen, die nur die herkömmliche unterstützende Behandlung erhalten hatten. Die Resultate waren bei den Patienten der Akupunkturbehandlungsgruppe signifikant besser als bei denen der Kontrollgruppe. Die Resultate wurden neurologisch gemessen, wobei sich zeigte, dass Patienten umso mehr von der Akupunkturbehandlung profitierten, desto schlechter ihr neurologischer Zustand zu Behandlungsbeginn war.

Margaret Naeser und Mitarbeiter[iii] haben 1994 in den USA eine Studie an akuten und chronischen Schlaganfallpatienten mit Handlähmungen durchgeführt, wobei die chronischen Fälle ursprünglich als Kontrollgruppe dienen sollten. Beide Gruppen wurden mit der gleichen Art von Akupunktur behandelt. Jeder Patient bekam 20 bis 40 Akupunkturbehandlungen. Dabei stellte sich heraus, dass sowohl die Patienten mit akutem Schlaganfall als auch die Patienten mit chronischem Schlaganfall von der Akupunkturbehandlung profitierten. In allen Fällen konnten messbare Verbesserungen der Beweglichkeit und Kraft der gelähmten Hände beobachtet werden, obwohl bei den chronisch gelähmten Patienten der Schlaganfall schon 2 bis 8 Jahre zurücklag.

Sallstrom und Mitarbeiter [iv] haben 1996 ihre in Norwegen durchgeführte randomisierte und kontrollierte Studie veröffentlicht. In dieser Studie wurden Patienten von in Akupunktur ausgebildeten Physiotherapeuten zusätzlich zur individuell zugeschnittenen Rehabilitationsbehandlung mit traditionell chinesischer Akupunktur behandelt. Die Patienten sind durchschnittlich 40 Tage nach ihrem Schlaganfall in die Studie aufgenommen worden, befanden sich somit in der subakuten Phase. In der Studie wurden insgesamt 45 Patienten beobachtet. 24 davon wurden zusätzlich mit Akupunktur behandelt, die übrigen 21 Patienten bekamen nur die herkömmliche Behandlung und bildeten die Kontrollgruppe. Die Patienten der Akupunkturgruppe bekamen drei bis vier Akupunkturbehandlungen pro Woche über insgesamt 6 Wochen. Zu Beginn und nach den sechs Wochen der Behandlung wurden alle Patienten Tests unterzogen. Dabei wurden Tests zur Bewertung der motorischen Funktionen, der täglichen Lebensaktivitäten und der Lebensqualität durchgeführt. Im Vergleich zum Studienbeginn verbesserten sich beide Gruppen signifikant in Bezug auf ihre motorischen Funktionen und die Fähigkeit, ihre täglichen Lebensaktivitäten auszuüben.

In der Akupunkturgruppe war darüber hinaus ein signifikanter Zuwachs an Lebensqualität zu verzeichnen.

In einer Folgeuntersuchung von Kjendahl und Mitarbeitern[v] an denselben Patienten ein Jahr später zeigte sich, dass die Patienten der Akupunkturgruppe auf allen Skalen den Patienten der Kontrollgruppe überlegen waren. In dem Bericht wird daraus geschlussfolgert, dass Akupunktur einen positiven Langzeiteffekt auf die Verbesserung des Gesundheitszustandes nach einem Schlaganfall hat.

Verschiedene Arten der Akupunktur

Die Akupunktur ist kein monolithisches Gebilde. Es gibt nicht nur eine Art von Akupunktur, sondern viele verschiedene Akupunkturstile. In meiner Praxis wende ich chinesische Körperakupunktur, chinesische Ohrakupunktur, chinesische und japanische Schädelakupunktur und nicht zuletzt die Master-Tung-Akupunktur an. Von Fall zu Fall wähle ich darunter die für den jeweiligen Patienten und die jeweiligen Beschwerden beste Behandlungsmethode aus. Auch bei der Behandlung von Schlaganfallfolgen kombiniere ich gern Elemente dieser verschiedenen Akupunkturstile. Im Folgenden werde ich einzelne Akupunkturstile in Hinblick auf ihre Anwendung bei der Schlaganfallbehandlung beschreiben.

Die chinesische Körperakupunktur

Bei der Körperakupunktur behandelt man im Allgemeinen beide Körperseiten symmetrisch, betont aber die Stimulation der gelähmten Seite. Durch eine starke Stimulation entweder durch kräftige Nadeltechniken oder durch Elektrostimulation versucht man, die durch den Schlaganfall verminderte Qi- und Blut-Zirkulation in den betroffenen Körperteilen wieder zu verbessern und damit die Regeneration zu beschleunigen.

Bei der Behandlung von Schlaganfallfolgen muss man grundsätzlich unterscheiden, ob man eine schlaffe oder eine spastische Lähmung behandelt. Bei einer schlaffen Lähmung muss man stärken und nimmt vor allem Punkte der Leitbahnen von Milz und Magen. Bei spastischen Lähmungen nimmt man zusätzlich Punkte der Leitbahnen von Leber und Gallenblase, um „inneren Wind" zu besänftigen und damit die spastische Muskulatur zu beruhigen. Im Entsprechungssystem der Fünf Wandlungsphasen gehört das Muskelfleisch zur Wandlungsphase Erde mit ihren beiden Organen Milz und Magen. Mit Muskelfleisch ist vor allem der Form und Halt gebende Aspekt der Muskulatur gemeint. Die Sehnen und damit der aktive, kontraktile Aspekt der Muskulatur gehört zur Wandlungsphase Holz mit ihren beiden Organen Leber und Gallenblase. Da nach einem Schlaganfall die Muskulatur einer Körperhälfte erheblich geschwächt ist, stärkt man vor allem die der Muskulatur zugeordneten Organe Milz und Magen. Mit der Stärkung dieser beiden zentralen Organe kräftigt man nicht nur die Muskulatur, sondern regt auch den oftmals verminderten Appetit und die erlahmte Verdauung wieder an. Da man aber auch die aktive Muskelkraft stärken und Spasmen beruhigen möchte, wählt man gleichzeitig meist auch Punkte von Leber und Gallenblase aus.

Außerdem nadelt man häufig Punkte auf dem Lenkergefäß. Dies ist die Leitbahn, die genau auf der Längsachse des Rückens vom Steißbein ausgehend über die Wirbelsäule nach oben zieht, über den Kopf verläuft und an der Oberlippe endet. Ein innerer Ast führt direkt ins Gehirn. Da der Erkrankungsherd beim Schlaganfall im Gehirn liegt, sind Punkte des Lenkergefäßes bei der Behandlung des Schlaganfalls unverzichtbar. Besonders häufig nadelt man die Punkte des Lenkergefäßes am Kopf.

Die Master-Tung-Akupunktur

Im Gegensatz zur allgemein üblichen Körperakupunktur behandelt man im Tung-Stil im Allgemeinen nicht die betroffene Körperregion, sondern gegenüberliegende oder diagonal gegenüberliegende Punkte. Das heißt, für die linke Hand würde man beispielsweise Punkte an der rechten Hand oder am rechten Fuß auswählen. Darüber hinaus gibt es im System von Master Tung auch einige Erfahrungspunkte für die Behandlung von Schlaganfallfolgen.

Von Master Tung aus Taiwan wird berichtet, dass er 1972 einem Ruf nach Kambodscha folgte, um den damaligen Präsidenten Lon Nol nach seinem schweren Schlaganfall zu behandeln. Zwar war es Master Tung nicht gelungen, die Lähmungen völlig rückgängig zu machen, doch hat seine Behandlung zu einer erheblichen Verbesserung des Gesundheitszustandes von Lon Nol geführt. Dieser hatte sich danach auch in einem offiziellen Dankesbrief bei Master Tung für die Behandlung bedankt. Er lebte danach noch 13 Jahre und war gesundheitlich in der Lage, seine Amtsgeschäfte als Präsident auszuüben, bis er 1975 vor den Roten Khmer flüchten musste.

Die Schädelakupunktur

In der traditionell chinesischen Ganzkörperakupunktur gibt es auch zahlreiche Punkte, die auf dem Schädel liegen. Namentlich ziehen die Leitbahnen von Blase, Gallenblase, Drei Wärmebereiche und Magen sowie das Lenkergefäß über den Schädel. Bei der Behandlung mit Körperakupunktur werden diese Punkte häufig mit genadelt. Dies ist Akupunktur am Schädel, aber keine Schädelakupunktur im engeren Sinne. Abb. 1: Akupunkturpunkte am Kopf

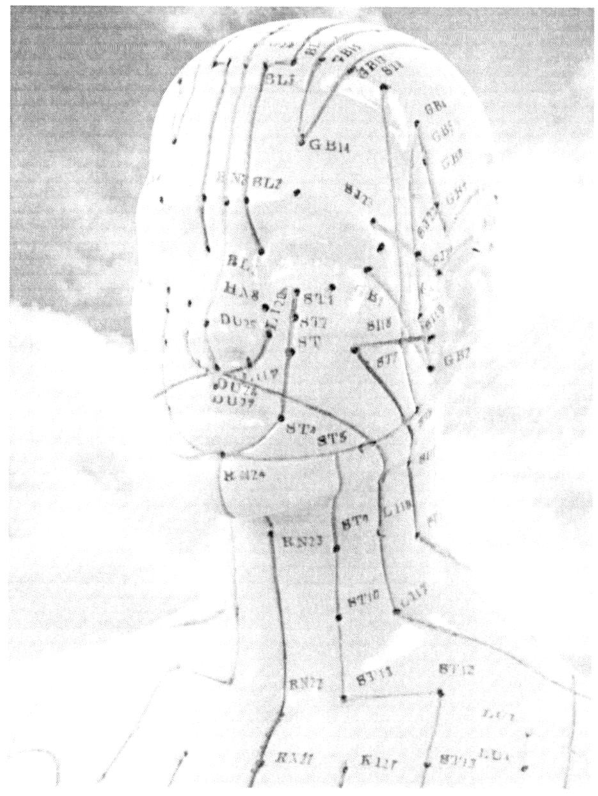

Abb.1 Das Leitbahnsystem

Die verschiedenen Systeme der Schädelakupunktur sind erst in jüngerer Zeit entstanden. Ähnlich der Reflexzonentherapie am Fuß oder der Ohrakupunktur hat man auf dem Schädel Mikrosysteme bzw. Somatotope entdeckt. Der Begriff Mikrosystem bedeutet, dass sich in einem Teil des Körpers der gesamte Körper widerspiegelt. „Pars pro toto“ nennt man dieses Prinzip auf Lateinisch: Ein Teil des Körpers steht für den ganzen. Der Begriff Somatotop meint genau das Gleiche. „Soma“ bedeutet Körper und „Topos“ ist der Ort.

Also an verschiedenen Orten des Schädels bilden sich bestimmte Körperteile ab. Wie am Fuß könnte man diese auch Reflexzonen nennen. Diese Zonen sind meist in beide Richtungen aktiv: Wenn ein Körperteil oder Organ erkrankt ist, dann ist häufig auch die Reflexzone dieses Körperteils oder Organs auffällig. Oft empfindet der Betroffene an dieser Stelle einen Druckschmerz, wenn der Behandler mit dem Finger darauf drückt. Mitunter kann der Behandler selber auch eine Strukturveränderung an dieser Stelle spüren, oft kleine Knötchen bzw. Verhärtungen. Anders herum kann man diese Stellen dann auch therapeutisch nutzen. Wenn man diese Stelle akupunktiert, entfaltet sie eine reflektorische Wirkung auf das zugehörige Körperteil oder Organ.

Akupunkteure in China haben in den letzten fünf Jahrzehnten ähnliche, aber doch zum Teil unterschiedliche Systeme der Schädelakupunktur entwickelt. In der chinesischen Schädelakupunktur sind bestimmte Zonen bekannt, die für die Behandlung von Schlaganfallfolgen ausgesprochen wichtig und effektiv sind, so z. B. die Motorik-Linie, die man bei Lähmungen anwendet, die Sensorik-Linie, die man bei Empfindungsstörungen anwendet, die Sprachzone, die man bei Aphasie, also bei Sprachstörungen, anwendet, eine Sehzone, die man bei Sehstörungen anwendet oder eine Gleichgewichtszone, die man bei Gleichgewichtsstörungen anwendet, eine Schwindelzone, die man bei Schwindel anwendet usw.

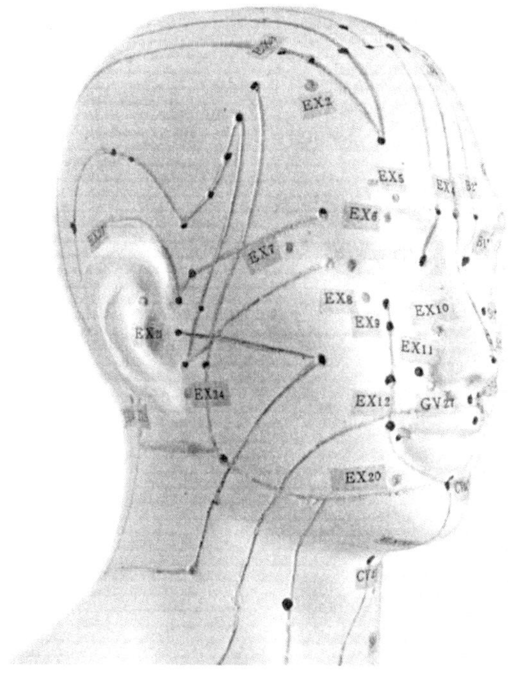

Abb. 2: Schädelakupunktur

In Japan ist die Schädelakupunktur von dem Arzt Toshikatsu Yamamoto weiterentwickelt worden. Er hat die „Yamamoto Neue Schädelakupunktur" (YNSA) entwickelt. Diese Form der Schädelakupunktur hat sich auch bei uns im Westen bereits weit verbreitet und steht im Ruf, insbesondere bei der Behandlung von Schlaganfallfolgen eine der effektivsten Akupunkturmethoden zu sein.

Um auf wissenschaftlicher Grundlage besser einschätzen zu können, wie wirksam die YNSA in der klinischen Praxis tatsächlich ist, haben deutsche Ärzte und Wissenschaftler zusammen mit Yamamoto eine Studie an 23 Schlaganfallpatienten in Bonn durchgeführt[vi].

Bei diesen Patienten lag der Schlaganfall zwischen 18 Monaten und 11 Jahren zurück. Bei elf Patienten lautete die Diagnose Hirninfarkt, bei zwölf Patienten Hirnblutung.

17 der 23 Schlaganfallpatienten erlebten eine Verbesserung ihres Zustandes. Übereinstimmend berichteten zwölf Patienten über eine Verbesserung der Beweglichkeit der betroffenen Extremitäten, ein Gefühl von Lockerung, Leichtigkeit, Abnahme von Spastik, Zugewinn an Wohlbefinden und Zunahme an Sicherheit in der Bewegung. Die subjektiven Verbesserungen der Patienten wurden im Studienbericht auch festgehalten. Ein Patient zum Beispiel konnte seinen linken Arm vor der Therapie nicht bewegen. Nach der Schädelakupunktur zeigte sich eine deutlich verbesserte Beweglichkeit im linken Arm. Ein Patient berichtete über deutliche Besserung beim Gehen. Es war danach einfacher für ihn, aufrecht zu gehen. Eine Patientin erlebte eine deutliche Verminderung ihrer Spastik. Ein Patient konnte nach der Behandlung seinen rechten Arm leichter bewegen und höher ausstrecken als vorher. Ein Patient hatte vor der Behandlung Schwierigkeiten, einen Schuh anzuziehen, da die Zehen bei Berührung des Schuhs krallten. Nach der Behandlung berichtete der Patient über eine Lockerung der Zehen, einfacheres Anziehen des Schuhs, erleichtertes Sitzen auf der linken Gesäßhälfte und ein Gefühl von Lockerung im linken Fuß. Ein anderer Patient konnte seinen linken Arm vor der Therapie nicht aktiv bewegen. Unmittelbar nach der Therapie berichtete der Patient über ein Gefühl im linken Arm. 17 Tage nach der Yamamoto-Akupunktur konnte der Patient den linken Arm um circa 45 Grad seitlich abspreizen. Ein weiterer Patient berichtete über eine Erleichterung in der Beweglichkeit des linken Kniegelenkes; das Treppensteigen fiel ihm deutlich leichter als vor der Behandlung. Ein Studienteilnehmer sagte wörtlich: „Ich merkte zum ersten Mal wieder, dass ich eine rechte Seite habe."

Besonders interessant an der NYSA ist, dass man mit ihr oft auch Soforteffekte hervorrufen kann, also spontane Verbesserungen schon während der Behandlung. Ein Beispiel dazu können Sie weiter unten im Bericht über die Behandlung von Dr. Herr lesen.

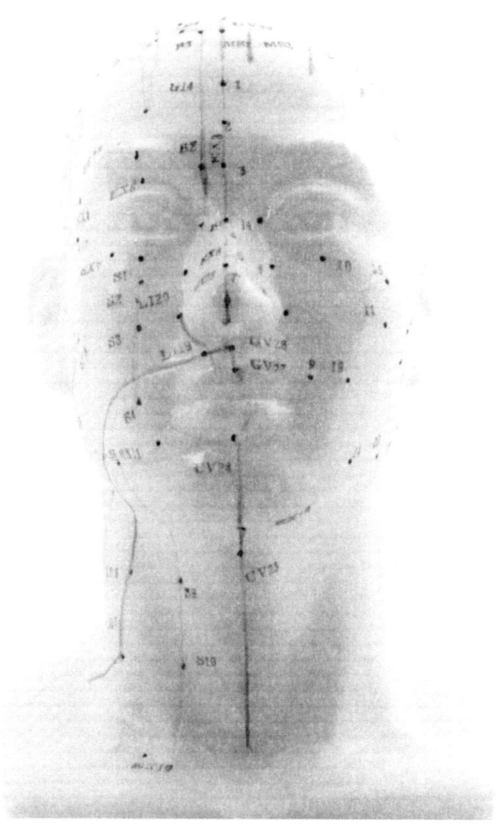

Abb. 3: NYSA

Die Chinesische Kräuterheilkunde

Die chinesische Kräuterheilkunde, bzw. Phytotherapie, ist hierzulande zwar weniger bekannt als die Akupunktur, spielt aber in der klinischen Behandlung in China in den meisten Fällen eine größere Rolle. Während man mit Akupunktur den Qi-Fluss in den Meridianen regulieren kann, ist es mit Hilfe der Kräuterheilkunde möglich, Stagnations- oder Schwächezustände der inneren Organe zu behandeln. Beim Schlaganfall geht man in der chinesischen Medizin davon aus, dass innerer Wind zu Taubheitsgefühlen, Lähmungen oder Spasmen geführt hat. Bei einer Halbseitenlähmung hat man zusätzlich das Phänomen, dass die Hälfte des Qi, also die Energie einer ganzen Körperhälfte, auf einmal verloren gegangen ist. Dieses verloren gegangene Qi kann man mit der Akupunktur allein nur schwer wieder auffüllen. Hierzu bedarf es nährender, kräftigender und die Durchblutung fördernder Kräuterextrakte, um die geschwächten Patienten wieder zu kräftigen.

Die Behandlung von Dr. Wilfried Herr

Bei der Behandlung von Dr. Herr habe ich verschiedene Akupunkturstile und die chinesische Kräuterheilkunde miteinander kombiniert. Als ich am 17. September 2014 meine Anamnese durchführte, war die Halbseitenlähmung noch ziemlich stark ausgeprägt. Um aus dem Bett aufzustehen, brauchte er Hilfe und beim Laufen musste er sich von einer anderen Person stützen lassen oder einen Gehstock benutzen. Während sich das linke Bein schon wieder etwas erholt hatte, lag sein linker Arm nahezu bewegungslos, blass und geschwollen neben ihm. Mit dem linken Arm konnte er bestenfalls grobe, ungelenke und unkoordinierte Bewegungen ausführen. Die linke Hand war zu Beginn unserer Behandlung völlig gelähmt. Sie ließ sich passiv bewegen, doch er selbst konnte seine Hand nicht willentlich öffnen oder schließen. Dr. Herr hatte keine spastische, sondern eine schlaffe Lähmung; er hatte auch keine Störungen der Sensibilität, also keine Taubheitsgefühle oder Kribbeln in seinen Gliedmaßen. Er war ungewohnt müde, gähnte viel und fühlte sich richtiggehend erschöpft. Es fiel ihm sogar schwer, sich auf unser Anamnesegespräch zu konzentrieren. Während ich mir meine Notizen machte, fielen ihm immer wieder die Augen zu. Seine Schlafqualität in der Reha-Klinik war nicht besonders gut. Doch obwohl er so ausgesprochen müde war, war eine gewisse innere Unruhe unverkennbar. Die zeigte sich insbesondere an nervösen Bewegungen der rechten Hand. Außerdem klagte er über Appetitlosigkeit. Da der Gesichtsnerv auf der linken Seite auch von der Halbseitenlähmung betroffen war, hatte Dr. Herr noch eine leichte Gesichtslähmung, eine sogenannte Fazialisparese.

Bei unserer ersten Akupunktursitzung nach der Anamnese begann ich mit der chinesischen Körperakupunktur. Dazu wählte ich Punkte auf den Leitbahnen von Milz, Magen und Dickdarm am linken Arm und am linken Bein aus. Weshalb habe ich gerade Punkte auf diesen drei Leitbahnen ausgewählt? Im *Inneren Klassiker des Gelben Kaisers* (*Huang Di Nei Jing*), dem grundlegenden Klassiker der Chinesischen Medizin, heißt es im Kapitel 44, dass man im Fall von Lähmungen die Yangming-Leitbahnen behandeln soll. Yangming steht für die Leitbahnen von Magen und Dickdarm. Im Verständnis der TCM ist der Magen dafür zuständig, die Nahrung aufzunehmen, zu verdauen und die aus der Nahrung gewonnene Energie zusammen mit der Milz all den anderen Organen und Geweben im Körper zur Verfügung zu stellen. Außerdem bilden Milz und Magen eine funktionelle Einheit mit der Muskulatur. Wenn man also die Muskulatur stärken möchte, sie mit Energie versorgen will, muss man Milz und Magen und die Leitbahnen dieser beiden Organe stimulieren. Bei Dr. Herr war dies aus mehrfacher Sicht angezeigt. Erstens hatte er keinen Appetit und er aß nur sehr wenig, zweitens war die Muskulatur seiner linken Körperhälfte schlaff gelähmt und drittens schlief er schlecht. Im *Inneren Klassiker des Gelben Kaisers* heißt es auch, dass man nicht ruhig schlafen kann, wenn der Magen in einem Zustand der Disharmonie ist. Weiterhin verläuft die Magen-Leitbahn auch durch das Gesicht, insbesondere durch den von der Gesichtslähmung betroffenen Bereich. Also habe ich mich sowohl bei der Akupunktur wie auch bei der phytotherapeutischen Behandlung auf die Harmonisierung und Kräftigung des Magens konzentriert. So nadelte ich wiederholt eine Auswahl der Akupunkturpunkte Dickdarm 10, Magen 36, Dickdarm 11, Dickdarm 4, Dickdarm 3, Magen 3, Magen 4 und Milz 6. Jeweils zwei Punkte auf der Magen- und zwei auf der Dickdarm-Leitbahn haben wir auch mittels Elektroakupunktur stimuliert.

Zur psychischen Beruhigung und zur Förderung eines guten Nachtschlafs nadelte ich die Punkte Lenkergefäß 20 und 24 sowie die Extrapunkte Yintang und Sishencong. Diese psychisch ausgleichende Wirkung setzte dann auch ziemlich schnell ein. Dr. Herr schlief besser und gewann mehr Zuversicht.

Nachdem ich mich in den ersten beiden Akupunktursitzungen also zuerst einmal um seinen Allgemeinzustand gekümmert und Dr. Herr allgemein gekräftigt habe, bin ich dann im weiteren Verlauf noch spezifischer dazu übergegangen, seine Halbseitenlähmung zu behandeln, also seine Fähigkeiten, selbst aufzustehen, zu gehen, sich anzuziehen, zu greifen usw., zu verbessern. Dazu habe ich dann Akupunkturpunkte aus der Schädelakupunktur hinzugenommen. Aus der chinesischen Schädelakupunktur habe ich dazu Punkte auf der sogenannten Motorik-Linie benutzt. „Motorik" bedeutet Beweglichkeit. Die Beweglichkeit der gelähmten Gliedmaßen wiederherzustellen, war unser erklärtes Ziel. In der Schädelakupunktur orientiert man sich zum einen an dem in der Fachliteratur beschriebenen Verlauf jener Linien. Um dann aber in diesem Bereich die für den jeweiligen Patienten anzuwendenden Punkte exakt zu lokalisieren, tastet man diesen Bereich mit den Fingern ab und spürt, welche Punkte strukturell verändert oder druckschmerzhaft sind. Bei Dr. Herr waren die Punkte auf den „Motorik-Linien“ beider Schädelhälften enorm druckschmerzhaft. Dies ist ein reflektorischer Schmerz. Die Motorik-Linien sind quasi die Reflexzonen der Bewegungszentren im Gehirn. Die Schmerzhaftigkeit der Motorik-Linien zeigt also an, dass die motorischen Zentren im Gehirn entweder geschädigt, gestört oder überbeansprucht sind. Dies ist selbstverständlich: Das Bewegungszentrum in der rechten Gehirnhälfte von Dr. Herr war durch den Schlaganfall nachhaltig geschädigt. Die linke Gehirnhälfte musste nun also die Funktionen der zerstörten rechten Gehirnhälfte übernehmen, war dadurch also enorm beansprucht. So erklärt sich die starke Druckschmerzhaftigkeit auf beiden Seiten. Wir haben beide Seiten abwechselnd behandelt, also in einer Sitzung die linke und in der nächsten Sitzung die rechte Seite.

Zusätzlich zu den Motorik-Punkten der chinesischen Schädelakupunktur wandte ich auch Punkte der japanischen Yamamoto-Schädelakupunktur (YNSA) an. Dort hatte ich insbesondere die Punkte Cerebrum für das Gehirn und die Zone für Arm und Hand akupunktiert.

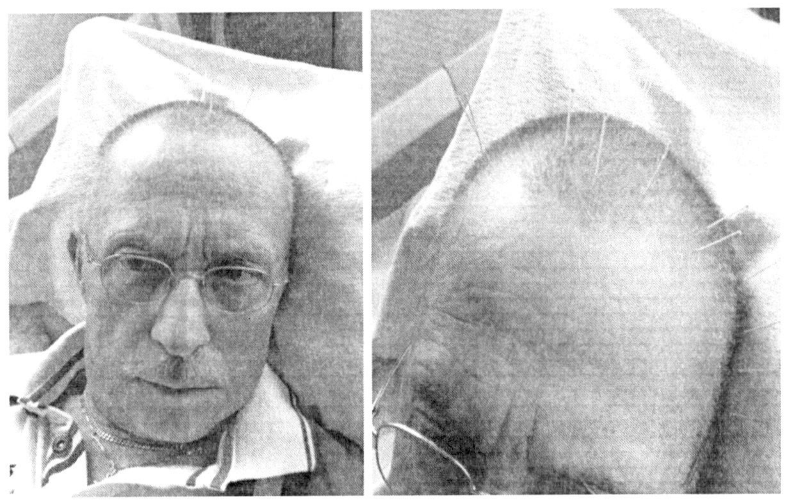

Abb. 4: Dr. Herr während der Akupunktur

Während die Nadeln saßen, bat ich Dr. Herr immer, seinen Atem und seine Aufmerksamkeit in die gelähmten Gliedmaßen zu richten, insbesondere in die linke Hand. Dies ist ein überaus wichtiger Aspekt der Behandlung! Schließlich geht es darum, die Bildung neuer Nervenverbindungen und Synapsen anzuregen. Jedes Mal, wenn man seine Aufmerksamkeit, seine Intention in die gelähmte Körperregion richtet, ist dies ein Notruf ans Gehirn, der lautet: „Ich brauche hier neue Nervenverbindungen! Bitte neue Synapsen bilden!"

Dann bat ich Dr. Herr jedes Mal, mit seiner linken Hand meine linke Hand zu drücken. Bei den ersten beiden Behandlungsterminen tat sich da gar nichts in seiner linken Hand. Die Finger waren nicht willentlich zu bewegen, an einen Händedruck war überhaupt nicht zu denken. Doch dann am dritten Behandlungstag erlebten wir eine freudige Überraschung. Nachdem ich alle Nadeln gesetzt und zum

Schluss die YNSA-Punkte für die Hand akupunktiert und diese stimuliert hatte, bat ich Dr. Herr wieder, mir die linke Hand zu geben. Wir konnten es beide kaum glauben, aber seine zuvor absolut schlaffe Hand konnte wieder zugreifen. Es kostete Dr. Herr zwar viel Kraft, aber es war ihm nun wieder möglich, seine Finger zu beugen! An diesem Tag konnte er seine Finger zwar noch nicht vollständig zur Faust schließen, aber ein Anfang war gemacht! An jenem Tag war ihm etwa ein Viertel Faustschluss möglich, was sich dann nach und nach, von Termin zu Termin steigerte. Anfangs fiel es ihm leichter, seine Hand zu schließen, wenn er Gegendruck durch meine Hand hatte. Seine Hand von sich aus zu schließen, fiel ihm dagegen schwerer und war anfangs völlig unmöglich. Schließlich, nach etwa zwei Monaten der Behandlung, hatte Dr. Herr schon wieder einen festen Händedruck und konnte seine linke Faust auch aus eigener Kraft wieder vollständig schließen. Zusätzlich zum Faustschluss übten wir auch jedes Mal während der Akupunkturbehandlung das Beugen und Strecken der Finger der gelähmten Hand. Ab der dritten Behandlung konnte Dr. Herr seine Finger wieder zunehmend selbstständig beugen, jede Woche ein bisschen mehr. Zur Übung gab ich ihm mit meinen Fingern etwas Gegendruck, gegen den er seine Finger einzeln beugen konnte. Auffällig war dabei, dass der Mittelfinger am kräftigsten war; dann kam der Ringfinger. Zeigefinger und kleiner Finger waren im Vergleich dazu deutlich schwächer. Und der Daumen war am schwächsten. Dies hängt vermutlich damit zusammen, dass der Daumen entwicklungsgeschichtlich am spätesten seine heutige Funktion ausgeprägt hat. Die muskuläre und nervliche Vernetzung ist daher viel komplizierter. Entsprechend dauert die Regeneration seiner Funktionsfähigkeit auch länger. Schwieriger noch als das Beugen war das Strecken der Finger. Die Fähigkeit, die Finger seiner linken Hand zu strecken, hat sich erst im dritten Behandlungsmonat nach und nach zurückgebildet. Aber kurz vor den Weihnachtsferien war er dann endlich in der Lage, seine linke Hand ganz von allein zu öffnen und zu schließen.

Unsere Behandlung hatte also von Mitte September bis Mitte Dezember 2014 gedauert. Eine nahezu vollständige Wiederherstellung nach einem Schlaganfall in nur drei Monaten zu erzielen, ist eine Seltenheit! Ein so schneller Erfolg war gewiss auch nicht allein das Ergebnis meiner Akupunkturbehandlung. Es war das Resultat des Ineinandergreifens der verschiedenen angewandten Therapien. Hierbei spielte auch die von mir durchgeführte chinesische Phytotherapie eine entscheidende Rolle. Nach einem Schlaganfall ist der Patient sehr erschöpft, hat keine Kraftreserven mehr. Woher soll er die Energie nehmen, die er benötigt, um Physiotherapie, Ergotherapie oder andere Therapien zu bewältigen? Auch die von mir durchgeführte Akupunktur kann lediglich Qi regulieren. Doch wenn nur sehr wenig Energie vorhanden ist, kann man auch nicht viel regulieren, kann den Patienten durch zu viele Maßnahmen sogar noch weiter erschöpfen. Man muss also zu allererst Energie hinzufügen! Der beste Automechaniker kann ein Auto nicht zum Fahren bringen, wenn kein Benzin im Tank ist. Zu einem gewissen Grad kann man natürlich über die tägliche Nahrung wertvolle Energie hinzufügen. Doch dies dauert vergleichsweise lange. Bei Dr. Herr kam noch erschwerend hinzu, dass er sich nach seinem Schlaganfall so erschöpft fühlte, dass er nicht einmal mehr Appetit verspürte und nur sehr wenig aß, sich praktisch zum Essen zwingen musste. Daher verschrieb ich ihm gleich am ersten Behandlungstag eine kräftigende Teemischung, die auch den Appetit etwas anregte. Man muss erst einmal Energie aufbauen, damit man bei den verschiedenen Therapien damit arbeiten kann.

Bei der ersten Untersuchung von Dr. Herr fühlte ich bei der chinesischen Pulsdiagnostik einen sehr schwachen Puls auf der gesunden Seite und einen extrem schwachen und tiefen Puls auf der gelähmten Seite. An diesem schwachen Puls konnte man ablesen, dass das Qi, also die Lebensenergie, stark vermindert war, vor allem auf der gelähmten Seite. So habe ich also mit Heilkräutern wie der mongolischen Tragantwurzel, Ginseng und anderen Heilkräutern Lebensenergie hinzugefügt, den Magen gestärkt, Appetit angeregt und die Regeneration der Muskulatur gefördert. So kehrte bei Dr. Herr die Lebenskraft und auch die Lebensfreude bald wieder zurück. Seine Kraft reichte schließlich, um sein tägliches Therapie- und Trainingsprogramm zu absolvieren. Nur verspürte er nach diesen anstrengenden Tagen abends häufig leichten Schwindel und Kopfschmerzen. Am nächsten Morgen, nach einem erholsamen Nachtschlaf, waren diese Beschwerden wieder verschwunden. Daran konnte man ablesen, dass seine Energiereserven noch recht knapp bemessen waren, seine Energiespeicher noch nicht wieder ganz aufgefüllt waren. Seine Energie reichte nur bis zum frühen Abend, dann war gewissermaßen der Akku leer. Also habe ich meine stärkende und regenerierende Heilkräuterbehandlung noch weiter fortgesetzt. Nach der ersten Einnahme hatte sich Dr. Herr noch über den unangenehmen Geschmack des Kräutertees beschwert. Später, nachdem er gespürt hat, wie gut er ihm tut, hat er ihn sogar richtig gern getrunken.

Zusätzliche Methoden

Zusätzlich zur chinesischen Phytotherapie und Akupunktur haben wir auch verwandte Verfahren angewandt. Jedes Mal während der Akupunkturbehandlung massierte ich die linke Hand im Sinne einer Handreflexzonenmassage. Der Druck auf die Handfläche induziert eine Reizweiterleitung zum Gehirn und zurück. Dies unterstützt die Bildung neuer Nervenverbindungen. Das ist im Grunde ein ähnliches Prinzip wie bei der Akupunktur, nur mit einer etwas anderen Technik.

Weiterhin setzten wir die chinesische Massagetechnik des Schabens ein, das sogenannte *Guasha*. Beim *Guasha* schabt man mit einem Hornspatel über die Haut, entweder am Rücken oder an den Gliedmaßen. Das Ziel dieser therapeutischen Maßnahme ist von Fall zu Fall unterschiedlich. Bei der Behandlung von Dr. Herr mit seiner Halbseitenlähmung ging es mir lediglich darum, die Zirkulation von Qi und Blut in den Meridianen anzuregen. Wir benutzten dazu ein gutes Öl, in diesem Fall Nachtkerzenöl aus biologischem Anbau, mit dem wir gleichzeitig die trockene Haut, unter der Dr. Herr auch litt, etwas geschmeidiger machen konnten. Mit diesem Behandlungsansatz band ich auch ein Element aus der altindischen Medizin, dem sogenannten Ayurveda, mit in die Behandlung ein. In der ayurvedischen Medizin unterscheidet man drei krankheitsauslösende Faktoren, genannt Vata (Wind), Pitta (Feuer) und Kapha (Schleim). Erkrankungen, die entweder mit Krämpfen, Spasmen oder Lähmungen einhergehen, sind durch Vata (Wind) ausgelöste Erkrankungen. In diesem Sinne ist ein Schlaganfall eine typische Vata- bzw. Winderkrankung. In dieser Hinsicht überschneiden sich die Konzepte der traditionellen chinesischen Medizin mit denen der traditionellen indischen Medizin. Wie ich oben bereits ausgeführt habe, nennt man einen Schlaganfall in der chinesischen Medizin „Windschlag“. Wind bzw. Vata behandelt man in der ayurvedischen Medizin vor allem durch Öl. Indem man Öl in die Haut einmassiert, beruhigt man den inneren Wind bzw. vermindert man das vorherrschende Vata.

Abschließende Gedanken

Wenn man sich rückblickend fragt, was die ungewöhnlich schnelle Heilung der Schlaganfallfolgen bei Dr. Herr bedingt hat, kann man dies unmöglich einer einzelnen Behandlungsmethode zuschreiben. Ich bin der Überzeugung, dass dieser große und schnelle Erfolg nur auf die Kombination der verschiedenen angewandten Therapien zurückzuführen ist. Mithilfe der gleichzeitig durchgeführten Verfahren der Schulmedizin, Physiotherapie, Ergotherapie, Akupunktur und Phytotherapie haben wir ein Netz gebildet, mit dem wir Dr. Herr in seiner schwierigen Lebenslage aufgefangen und aus dem Abgrund wieder nach oben gehoben haben. Jeder Therapeut ist natürlich von seiner Methode am meisten überzeugt – und das ist auch gut so. Nur wer seine Behandlungsmethode mit viel Enthusiasmus und Herzblut anwendet, wird sie auch erfolgreich anwenden. Aber die Frage, welche der Therapien nun die beste oder wichtigste war, ist absolut unangebracht und sinnlos. Für persönliche Eitelkeiten von Therapeuten gibt es bei der Behandlung erkrankter Menschen keinen Platz. Wie in vielen anderen Lebensbereichen ist es auch in der Medizin sinnvoll, sich zu vernetzen, verschiedene sich ergänzende Ansätze miteinander zu kombinieren. Diese Vernetzung und Verzahnung der therapeutischen Ansätze war der Schlüssel zu unserem Erfolg und es wäre überaus wünschenswert, dass solch ein Denken in Zusammenhängen und das Hinausblicken über den eigenen Tellerrand in der Medizin allgemein Schule macht und nicht auf solche Einzelfälle beschränkt bleibt.

Dr. Herr konnte sich auch des Eindrucks nicht erwehren, dass die von ihm und seiner Frau privat organisierte Reha viel effizienter war als die in der Reha-Klinik, die er aus diesem Grund auch vorzeitig abgebrochen hatte. Woran kann das liegen? In einer Reha-Klinik arbeiten doch hoch qualifizierte, in diesem Fall auf die Behandlung von Schlaganfallfolgen spezialisierte Ärzte und andere Therapeuten wie Physiotherapeuten, Masseure, Ergotherapeuten usw. Vielleicht stumpft die tägliche Routine die Mitarbeiter in einer Klinik etwas ab? Vielleicht sind die Behandlungszeiten zu kurz? Vielleicht ist das Essen im Krankenhaus zu schlecht? Vielleicht liegt es daran, dass man in einem Krankenhausbett niemals so gut schläft, wie zu Hause in seinem eigenen Bett? Hier kommen viele verschiedene Faktoren zusammen. Die heilsame Kraft des Schlafes im eigenen Bett und das gewohnte und wohlschmeckende Essen zu Hause sind gewiss nicht zu unterschätzende Faktoren.

Dann spielt es gewiss auch eine Rolle, mit wie viel persönlichem Engagement eine Therapie durchgeführt wird. Ohne bestimmten Personen Nachlässigkeit unterstellen zu wollen, kann man vermuten, dass Therapeuten in einer Klinik, die tagein tagaus immer wieder dieselben Übungen mit Patienten machen, die nur für eine kurze Zeit bei Ihnen sind, mit der Zeit ihren anfänglichen Enthusiasmus verlieren und nicht mehr 100 % Einsatz zeigen. Sie wollen und dürfen sich natürlich auch nicht selbst total verausgaben. Doch ich bin davon überzeugt, dass eine Therapie nicht von der Technik allein lebt, sondern auch von der wohlwollenden Intention und dem Herzblut, das ein passionierter Therapeut in seine Arbeit gibt. Im unserem konkreten Fall der Behandlung von Dr. Herr war es so, dass wir ihn alle schon vor seiner Erkrankung gut kannten – als Chef, als Kollege, als Mentor, als Freund. Diese persönliche Beziehung hat uns selbstverständlich dazu beflügelt, so viel zu geben, wie wir konnten.

Ein besonders wichtiger Faktor unseres Behandlungserfolges war gewiss auch die zusätzliche Anwendung von komplementärmedizinischen Behandlungsmethoden, in unserem Fall insbesondere der TCM und der von Dr. Herr selbst durchgeführten Selbsthypnose. Wie ich oben bereits ausgeführt habe, gibt es inzwischen eine beträchtliche Anzahl von klinischen Studien, welche die zusätzliche Anwendung von Akupunktur zur Behandlung von Schlaganfallfolgen positiv belegen. Nichtsdestotrotz hat diese wertvolle unterstützende Methode bis heute kaum Einzug in die Reha-Klinken für Schlaganfallpatienten gehalten. Zu groß scheinen die Widerstände vieler Schulmediziner in den Chefetagen der Klinken zu sein, die größtenteils wahrscheinlich auf Unkenntnis und Vorurteilen beruhen. Dann mag es auch noch gesundheitspolitische Probleme geben, die in Deutschland die Integration der Akupunktur und TCM in Reha-Kliniken erschweren. Wenn die Akupunktur als Kassenleistung nur zur Behandlung von Rücken- und Knieschmerzen anerkannt ist, braucht man schließlich über ihre Anwendung bei Schlaganfallfolgen gar nicht erst nachzudenken.

Ein anderer Aspekt, der leider auch bei medizinischen Behandlungen eine Rolle spielt, ist der finanzielle Aspekt. Eine gute, individuelle Behandlung ist zeitintensiv und hat ihren Preis. Einige der von uns angewandten Therapieformen gehören nicht zum Leistungskatalog der gesetzlichen Krankenkassen in Deutschland, schon gar nicht in der von uns durchgeführten Häufigkeit. Während Physiotherapie und Ergotherapie als Standardleistungen nach einem Schlaganfall von den gesetzlichen Krankenkassen bezahlt werden, werden die Kosten für Akupunktur und Kräuterheilkunde von den Kassen leider nicht übernommen. Je nach abgeschlossenem Vertrag sind viele private Krankenversicherungen in dieser Hinsicht kulanter und erstatten meist die Kosten der Akupunkturbehandlung. Weiterhin gibt es auch für gesetzlich versicherte Patienten Zusatzversicherungen für Heilpraktiker bzw. für Naturheilverfahren. Doch für viele Patienten, die weder privat versichert sind noch eine entsprechende Zusatzversicherung haben, ergibt sich aus der zusätzlichen Behandlung eine finanzielle Belastung. Je nach wirtschaftlicher Situation der jeweiligen Familien ist diese Belastung leichter oder schwerer zu tragen. Viele Patienten haben leider auch immer noch die Vollversicherungsmentalität aus dem vergangenen Jahrhundert verinnerlicht und sind nicht bereit, auch nur einen Euro selbst zuzuzahlen, wenn es um medizinische Behandlung geht. Dr. Herr teilt diese Mentalität zum Glück nicht. Auch wenn wir ihm unsere Behandlung gern als Freundschaftsdienst geschenkt hätten, bestand er darauf, dass wir ihm reguläre Rechnungen schreiben. Er sagte. „Ich bezahle euch gerne für eure Arbeit. Ob ich das hinterher von meiner Krankenversicherung erstattet bekomme oder nicht, ist mir egal. Die Hauptsache ist, dass ich wieder gesund werde!" Das ist eine sehr vernünftige Einstellung. Was nützen einem 2000 Euro mehr auf dem Konto, wenn man im Rollstuhl sitzt oder am Krückstock geht und nicht mehr arbeiten kann? Man muss nach vorne schauen! Und genau das hat Dr. Herr getan – nicht nur in finanzieller Hinsicht.

Die vielleicht wichtigsten Faktoren, die zu seiner raschen Genesung beigetragen haben, waren gewiss sein starker Wille, gesund zu werden, sein Vertrauen in Gott und der Halt, den er in seiner Familie hat.

Ja, es braucht den Willen, gesund werden zu wollen. Das klingt banal, das sollte selbstverständlich sein – doch das ist es leider nicht. Viele Menschen geben sich auf, wenn sie eine schwere Krankheit erleiden. Sie gehen zwar in die Reha-Klinik, weil ihr Arzt sie dort hinschickt, doch im Innersten ihres Herzens sind sie davon überzeugt, dass ihnen nicht mehr zu helfen ist. Den Rest ihres Lebens verbringen sie dann resigniert im Rollstuhl oder im Bett, jammern viel, aber tun nichts Sinnvolles, um aus ihrer Misere herauszukommen, fallen sich selbst und anderen zur Last. Nein, man muss kämpfen gegen eine Krankheit, allerdings ohne sich zu sehr unter Druck zu setzen und sich zu überfordern. Neben der medizinischen Behandlung ist es bei jeder schweren Erkrankung von entscheidender Bedeutung, wie ein Mensch selbst mit seiner Erkrankung umgeht, ob er sie akzeptiert und Möglichkeiten sucht, sich aus ihr heraus zu entwickeln. Akzeptieren heißt hier jedoch nicht hinnehmen.

Akzeptieren heißt, dass man anerkennt, dass man eine Krankheit erlitten hat und sie nicht verleugnet. Das schließt auch ein, dass man sich um die Klärung der Ursachen kümmert und diese beseitigt, damit der Rückfall nicht schon vorprogrammiert ist. Häufige Ursachen von Erkrankungen sind eine ungesunde Lebensweise mit ungünstigen Ernährungsgewohnheiten, zu viel Stress, zu wenig Schlaf, zu wenig Bewegung, an der Seele nagende familiäre Konflikte usw. Dr. Herr hat diese Ursachenforschung für sich selbst betrieben. Seine Ernährung war vor dem Schlaganfall schon sehr gesund; sein Lebensrhythmus mit frühem Schlafengehen und frühem Aufstehen war auch optimal eingestellt; körperliche Bewegung hatte er reichlich durch sein tägliches Joggen. Darin können die Ursachen also nicht gelegen haben. Was er jedoch hatte, war sehr viel Stress im Sinne einer starken Überlastung durch zu viel Arbeit. Unglückliche Umstände, wie vor allem der Verlust einer sehr zuverlässigen Kollegin durch Brustkrebs, haben dazu geführt, dass er in seiner Praxis mehr Arbeit hatte, als ein Mensch eigentlich bewältigen konnte. Nachdem die angestellte Ärztin plötzlich verstorben war, blieb die nicht weniger werdende Arbeit an ihm allein hängen. Ein Nachfolger für sie ließ sich leider nicht finden. Zu wenige Ärzte sind bereit, in etwas abgelegene, ländliche Regionen zu gehen. Also der Stress durch Überarbeitung war ein ausgemachter ursächlicher Faktor für Dr. Herrs Erkrankung. Ein weiterer Hauptverursacher war das zuvor in diesem Buch bereits beschriebene angeborene Loch in seiner Herzscheidewand, das offene Foramen ovale. Diese körperliche Ursache ist schicksalsgegeben; aus eigener Kraft kann man nichts dagegen tun. Doch dank des medizinischen Fortschritts gibt es heutzutage bereits moderne endoskopische Operationsmöglichkeiten am Herzen. Dr. Herr hat diese Ursache mithilfe seiner behandelnden Ärzte aufgedeckt und sich der sinnvollen Operation unterzogen, durch die das offene Loch verschlossen werden konnte. Außerdem nimmt er Blut verdünnende Medikamente. So können sich nun keine Blutgerinnsel mehr bilden, die dann vom Herzen in die Hirngefäße gepumpt werden und dort einen Schlaganfall verursachen. Das

Erkennen von Ursachen und das Finden konstruktiver Lösungen zur Beseitigung dieser Ursachen ist also der Schlüssel zur Gesundung und zur Vorbeugung von Rückfällen. Dies betrifft vor allem die körperliche Ebene. Auf der psychisch-mentalen Ebene ist es aber ebenso notwendig, sich mit der Erkrankung in einer positiven Weise auseinanderzusetzen. Es zeigt sich immer wieder, dass manche Menschen relativ schnell von schweren Erkrankungen oder Verletzungen genesen, während andere Menschen zu chronisch Kranken werden. Das hat in vielen Fällen mit dem mentalen Umgang mit der Erkrankung zu tun. Menschen, die besonders gut mit Erkrankungen umgehen können, besitzen offenbar spezielle Fähigkeiten, die ihnen helfen, auch in schwierigen Lebenssituationen stark zu sein, weiterhin einen Sinn im Leben zu sehen, für den es sich lohnt zu kämpfen. Diese besondere Fähigkeit, gezielt auf die Gesundung hinzuarbeiten, anstatt sich der Krankheit zu ergeben, nennt man in der Psychologie „Resilienz“. Dieser Begriff bezeichnet die Stärke, sich trotz widriger Umstände nicht unterkriegen zu lassen, stattdessen in positiv denkender Weise gegen die Krankheit anzukämpfen.

Dr. Herr hatte den Willen, wieder gesund zu werden. Er ist Arzt mit Herz und Seele und wollte auf jeden Fall in seinem Beruf weiterarbeiten. Und er wollte für seine Frau, seine Kinder und seine Patienten da sein. Und er glaubt an Gottes Güte. Wenn Gott ihm das Leben nicht ganz genommen hat, dann scheint er noch etwas mit ihm vorzuhaben. Die drei erlittenen Schlaganfälle waren Warnschüsse. Leider hat er erst nach dem dritten, dem schwersten, darauf gehört und sein Leben neu überdacht. Doch es ist nie zu spät! Jeder bekommt immer wieder eine neue Chance. Man muss sie nur nutzen!

Die „besondere“ Physiotherapie

Der Anfangsbefund nach dem Bobath-Konzept am 10. Oktober 2014:

Anhaltspunkte zum Krankheitsverlauf

- Dr. Herr erlitt am 03.09.2014 einen Schlaganfall mit einer Hemiparese in der linken Körperhälfte.
- Er bekam in der Universitätsklinik in Frankfurt eine Akuttherapie. Danach erfolgte am 12.09.2014 die Rehabilitationsbehandlung in der Neurologischen Klinik in Braunfels.
- Er hatte in den ersten Wochen eine Neglectsymptomatik, die sich weitgehend zurückgebildet hat.
- Die Bewegungskontrolle der linken Seite (Bein, Arm und Hand) ist noch stark eingeschränkt.

Welche Aktivitäten führt der Patient alleine aus?

- Rückenlage in Seitenlage links: Ist mit Hilfe möglich.
- Rückenlage in Seitenlage rechts: Ist die bevorzugte Seite, gleichzeitig auch Schlafseite.
- Sitzen an Bettkante ins Liegen: Der Patient lässt sich ins Bett fallen.
- Vom Liegen in den Sitz an die Bettkante: Der Patient nimmt sehr viel Schwung und arbeitet über die nicht betroffene, rechte Seite.
- Durch schlechte Rumpfstabilität verlagert er z. B. beim Sitzen das Körpergewicht auf die rechte, nicht betroffene Seite. Der Brustkorb ist eingesackt; somit ist kein symmetrisches Sitzen möglich und auch beim Laufen ist dies ein Hindernis.
- Gehen: Er benutzt beim Gehen einen Gehstock auf der rechten

Seite. Das Gehen ist zwar möglich aber mühsam. Er hat wenig Ausdauer und braucht lange Pausen. Er hat Probleme mit dem Gleichgewicht und Angst vor dem Kontrollverlust (Hinfallen). Er setzt das betroffene Bein/Fuß zuerst nach vorne und hüpft ganz schnell mit dem anderen nach, sodass das betroffene Bein nur kurz belastet wird.

Manipulative Tätigkeiten

- An- und Auskleiden sowie Körperhygiene nur mit Hilfe möglich. Beidhändige Aktivitäten sind nicht möglich.
- Mit dem schlaffen, hemiparetischen Arm sind keine Reich- und Fingerbewegungen möglich.

Ziele des Patienten auf Aktivität und Handlungsebene (Partizipationsebene)

- Er möchte wieder normal gehen können (auch ohne Gehstock), sich körperlich aktiver bewegen, selbst an- und auskleiden, und wieder eigene Körperhygiene betreiben. Vor allem möchte er wieder den linken Arm benutzen können.

TONUSMÄNNCHEN

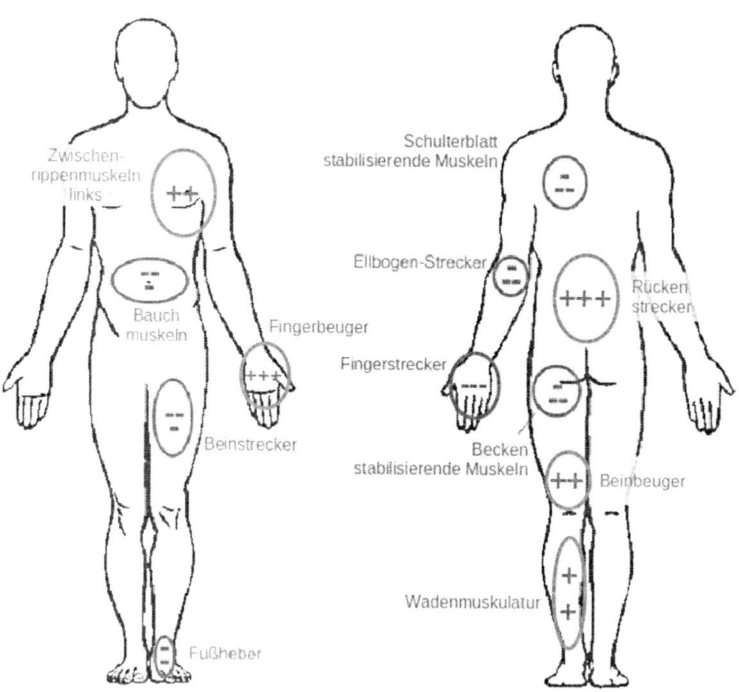

- abgeschwächte Muskulatur

+ steife, teilweise hypertone Muskulatur (Einschränkung in der Beweglichkeit)

Messungen:

1. Aufstehen symmetrisch	rechts > links mit viel Schwung und Hilfe seiner Frau oder Gehstock
2. EBST links	nicht möglich
3. EBST rechts	nicht möglich
4. Rhomberg Augen auf	nicht möglich
5. Rhomberg Augen zu	nicht möglich
6. Functional Reach	nicht möglich, auch nicht im Sitz; Patient hat Angst umzukippen
7. Time up and go 3m	Patient ist überfordert so viele Bewegungsabläufe zu koordinieren
8. 10m Gehtest	Durch geringe Ausdauer muss der Patient sich nach dem Test sofort setzen. Ausführbar nur mit Hilfe oder Gehstock. Dauer: ~20sek.
9. Schrittzahl 10m	28 Schritte

Anfangsbefund im Stand

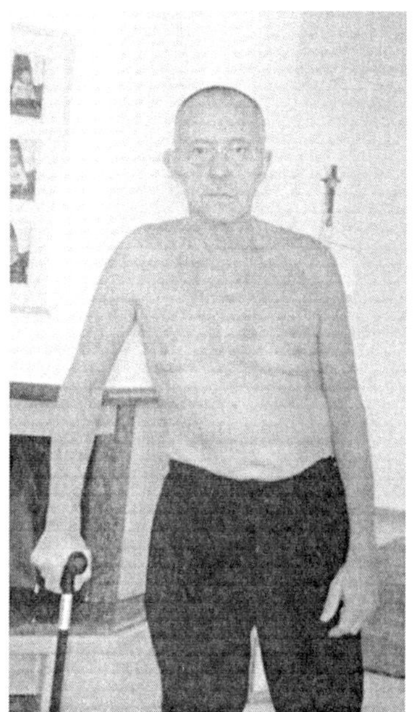

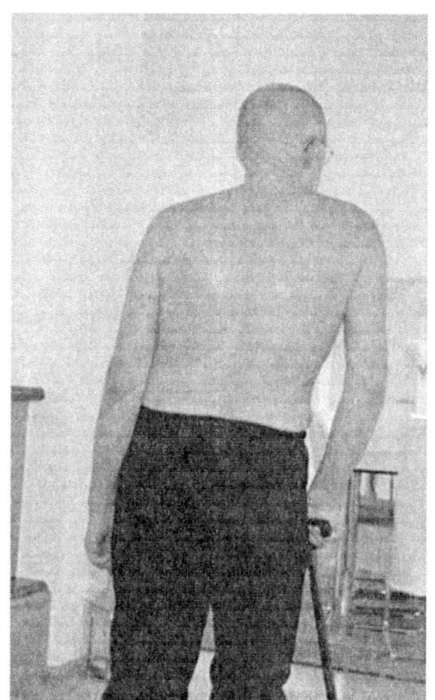

Dr. Herr zeigt volle Belastung auf der rechten Seite, die linke Seite ist hingegen hypoton – die linke Schulter mit Arm hängt schlaff herab. Das linke Becken kippt auf der betroffenen Seite nach unten ab. Der Patient vermeidet das Belasten der linken Seite. Stattdessen ist die rechte Seite übermäßig beansprucht.

Anfangsbefund vom Sitz in den Stand

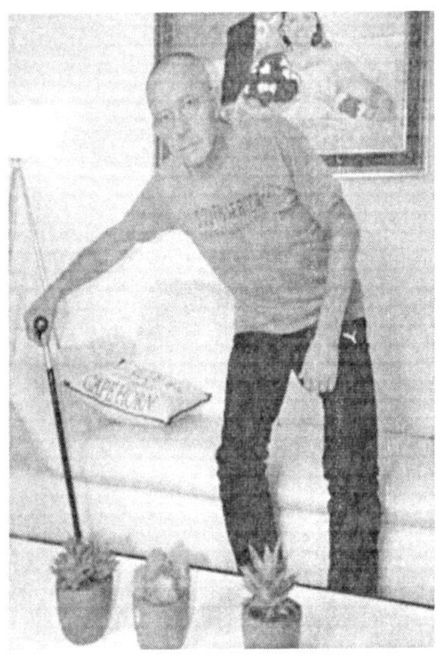

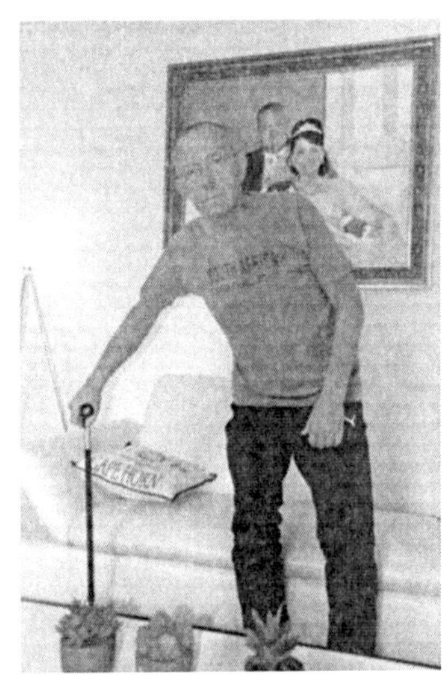

Für Dr. Herr ist das Aufstehen aus dem Sitz nur mit fremder Hilfe oder einem Gehstock möglich. Auch hier belastet er überwiegend die weniger betroffene, rechte Seite.

Ein positiver Lernprozess hat sich bei dem Patienten allgemein noch nicht eingestellt. Er glaubt, sich von anderen abhängig machen zu müssen und weiß seine Fähigkeiten weder einzuschätzen noch zu nutzen. Durch die Enttäuschung stellt sich zurzeit ein psychisch labiler und entmutigter Zustand ein.

Behandlungsplan für Therapie und Management

Nahziele (Funktions-/Aktivitätsebene)

- Verbesserung der Rumpfstabilität für posturale Kontrolle von willkürlichen Bewegungen
- Aktivierung und Kräftigung der abgeschwächten Muskulatur (siehe Tonusmännchen Seite 147)
- Kräftigung der Abduktoren für Beckenstabilität
- Verbesserung der Abdruckaktivität auf der betroffenen Seite (Fuß)
- Erarbeitung eines ökonomischen Bewegungsmusters durch Gewichtsverlagerung des Körpers auf das Standbein, statt auf den Gehstock. Die Ausdauer soll auf 10 Meter Gehstrecke erweitert werden.

Fernziele (Handlungsebene)

- Muskuläre Stabilität im Zweibeinstand / Einbeinstand
- Muskuläre Stabilität für lineare Aufrichtung
- Abdruckaktivität für Aufstehen auf zwei Beinen
- Abdruckaktivität für Balance auf zwei Beinen
- Abdruckaktivität und Kraft für Einbeinstand links
- Muskuläre Stabilität für den Einsatz des linken Armes und Handfunktion

Behandlung

Anfangs war nur eine kurze Behandlungsdauer, mit sehr langen Pausen zwischen den Übungen, möglich. Angesichts dieses Anfangsbefundes erklärt sich der stark eingeschränkte Zustand von Dr. Herr beinahe von selbst. Durch die Mitarbeit seiner Frau und weiteren Familienangehörigen, sowie den Therapien dieses Buchs, entwickelte Dr. Herr einen sehr starken positiven Willen.

Therapieverlauf

Die ersten Therapien zielten auf die Stärkung der extrem abgeschwächten Muskulatur ab. Die Übungen wurden in Rückenlage, Seitenlage, im Sitzen und später auch im Stehen durchgeführt. Zuerst musste Dr. Herr lernen, seine Rumpfmuskeln zu aktivieren, dann sie zu kräftigen und in komplexen Bewegungsmustern beim Sitzen, Aufstehen und Gehen zu benutzen.

Ebenso wichtig war die Aktivierung des linken Armes unter Abnahme der Eigenschwere. Dr. Herr brauchte nach nur 3 Therapien keinen Gehstock mehr und auch die Therapieeinheiten wurden länger.

Selektive Beckenbewegung

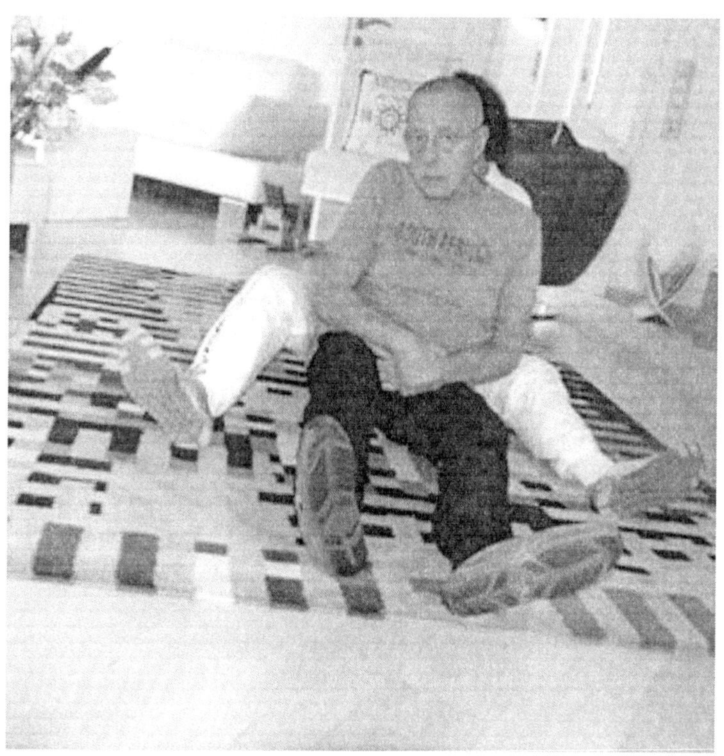

Dr. Herr lernt nun ohne Angst vorm Fallen sein Gewicht auf eine Seite zu verlagern und die andere zu bewegen.

Dies wird abwechselnd auf beiden Seiten geübt. Später wurde erlernt, die selektive Bewegung in den Stand und letztlich ins Gangbild zu übertragen.

Vorbereitende Arbeiten zum Gehen

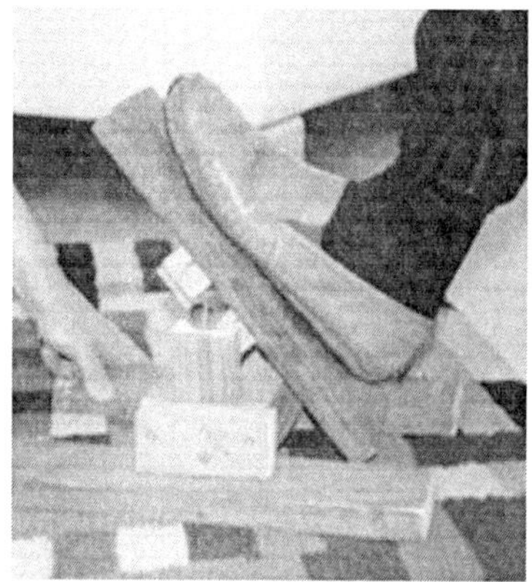

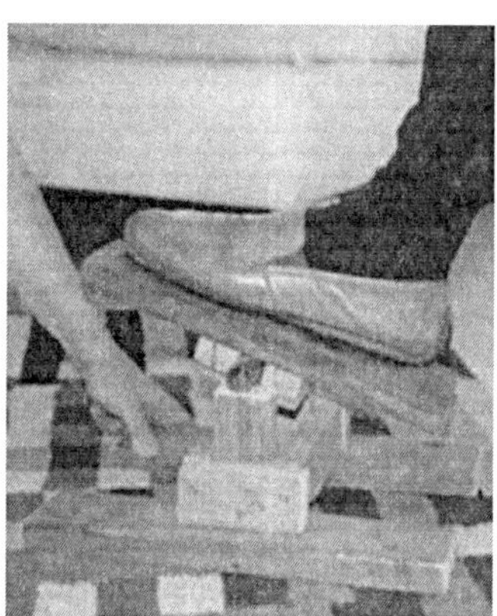

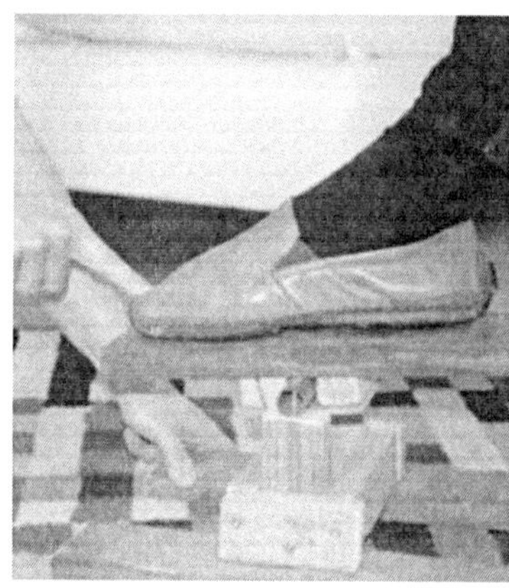

Um noch mehr Sicherheit beim Gehen zu bekommen, wurde in dieser Zeit (vom 10.10.2014 bis 19.10.2014) erlernt, den Fuß richtig abzudrücken, später gefolgt von der Kräftigung des linken Fußhebers.

Da der Patient beim Gehen nur den Vorfuß auf der betroffenen Seite aufstellte, übten wir zunächst die Bewegung des Fußes, anschließend die übliche Abrollbewegung über Ferse, Mittelfuß und Vorfuß. Hier kam ein selbst konstruiertes Gerät von mir zum Einsatz, um diese Bewegung zu üben. Die Kräftigung des Fußhebers erfolgte durch Anhebung des Fußes im Sitzen mit manuellem Gegendruck (geführter Widerstand).

Mit dem Gerät konnte Dr. Herr jeden Tag alleine trainieren.

Auch hier wurde die Übung später in den Bewegungsablauf des normalen Gehens eingefügt.

Das 24 Stunden Ansatz im Bobath-Konzept

In der vierten Therapie war noch keine Handbewegung möglich. Der linke Arm war in Flexion (Beugung) und Extension (Streckung) vom Patienten aktiv bewegbar. Ein Kraftzuwachs war deutlich zu sehen.

Durch eine genaue Beobachtungsstudie des Patienten im selbstständigen Verhalten (beim Essen, Sitzen etc.) wurde die fehlende Übertragung der Bewegungsfähigkeit in den Alltag deutlich. Dr. Herr nimmt während der Therapie zwar die betroffene Seite wahr, jedoch im Alltag unbewusst nicht.

Deshalb wurde Dr. Herr geschult, seine wiedergewonnenen Bewegungsfähigkeiten im Alltag bewusst einzusetzen. Um den Lernprozess anzustoßen, wurden einzelne Alltagsaufgaben herausgepickt, um die Abdruckaktivität der betroffenen Seite zu schulen.

Sitzen am Esstisch

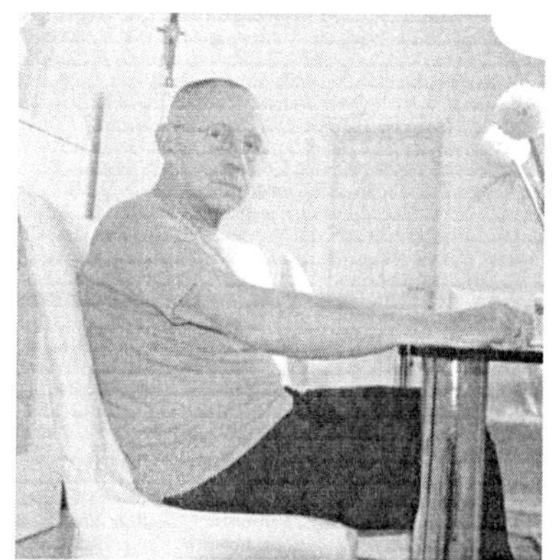

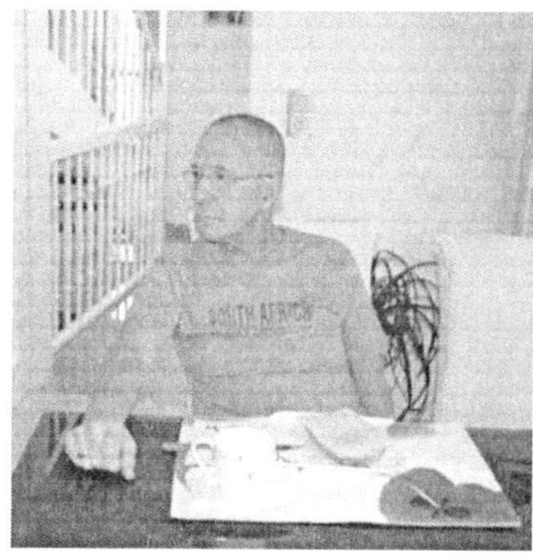

Vorher: Der Patient sitzt mit eingesacktem Rumpf und überschlagenen Beinen auf der rechten Seite. Der linke Arm, bzw. die linke Körperhälfte werden nicht wahrgenommen.

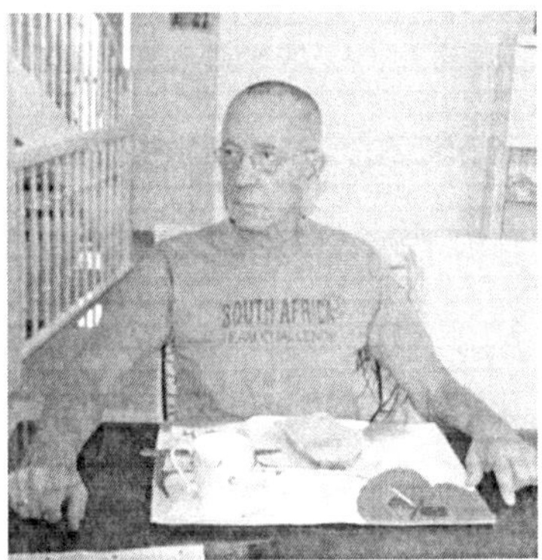

Nachher: Dr. Herr sitzt mit seinem Stuhl nahe am Esstisch, gegebenenfalls mit einem Kissen im Rücken, damit er nicht mit dem Brustkorb einsackt. Beide Arme sind auf dem Tisch platziert. Diese symmetrische Sitzposition verbessert die Rumpfhaltung und der betroffene Arm bekommt Input, da er in die Bewegungsabläufe mit einbezogen wird.

Schuhe anziehen

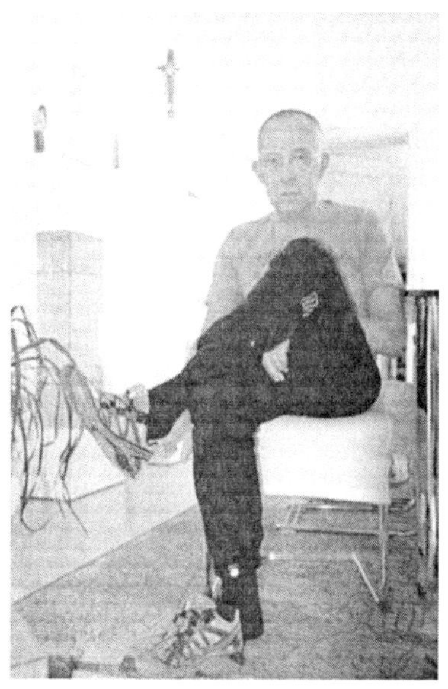

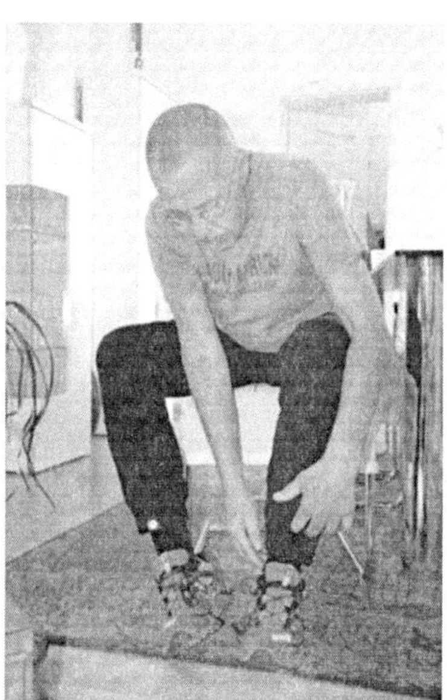

Vorher Nachher

Vorher: Dr. Herr lässt sich beim Anziehen der Schuhe nach hinten fallen und holt somit Schwung, um das linke Bein über den Oberschenkel des rechten Beins zu legen. Dann zieht er den linken Schuh an.

Nachher: Der Patient soll im Sitzen den Oberkörper nach vorne verlagern. Der betroffene Arm wird entweder auf eine vorhandene Stuhllehne oder auf sein linkes Bein abgestützt. Dann versucht er mithilfe beider Hände die Schuhe anzuziehen – die linke Hand unterstützt den Vorgang nach besten Kräften.

Sitzen auf dem Sofa

Vorher (oberes Bild): Der Patient verlagert das Körpergewicht überwiegend auf die rechte Seite. Er schaut auch über die rechte Seite in den Fernseher.

Nachher (unteres Bild): Durch Wechsel der Raumseite verlagert sich der Blick über die betroffene Seite in den Fernseher. Mit einem Kissen im Rücken wird der Sitz somit symmetrischer – der Patient hat eine bessere Rumpfhaltung und die betroffene Seite bekommt mehr Input / Abdruckaktivität.

Transfer von Rückenlage in Sitz über betroffene Seite

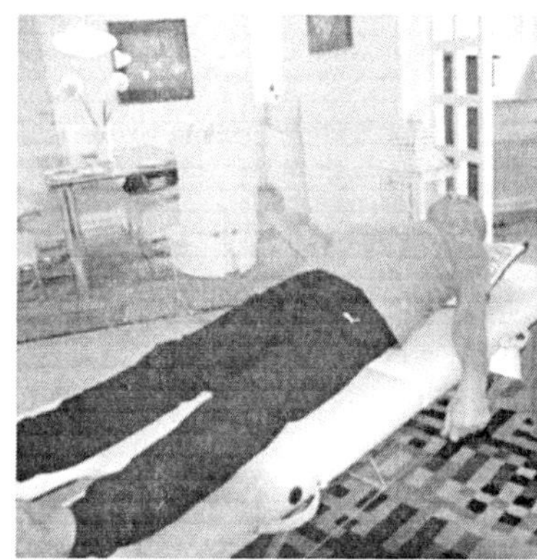

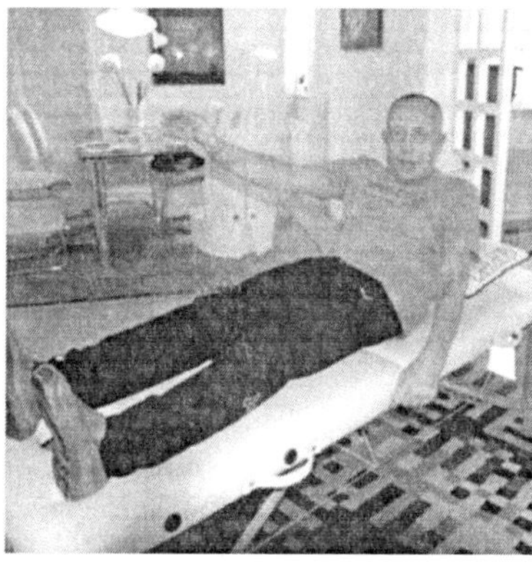

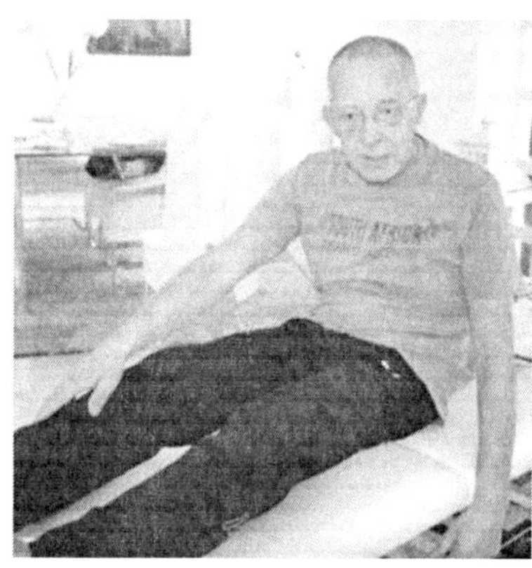

Vorher: Dr. Herr benutzt eine gewisse Kompensationsstrategie, um in den Sitz zu kommen. Er setzt viel Schwung ein und arbeitet stark über die rechte Seite, bis der Oberkörper über dem Becken ist. Der linke Arm bleibt auch hier unbeachtet und wird nicht eingesetzt.

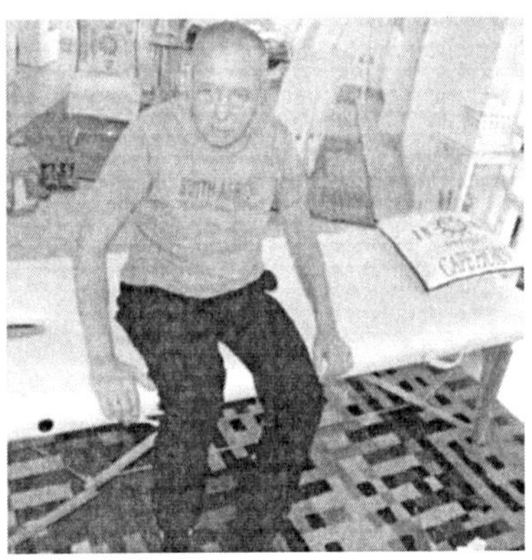

Nachher: Dieser Lagerungswechsel wird trainiert und in den Alltag mit integriert. Die ganze linke Seite plus Arm wird nun in den Bewegungsablauf einbezogen (Abdruckaktivität).

Treppenlaufen

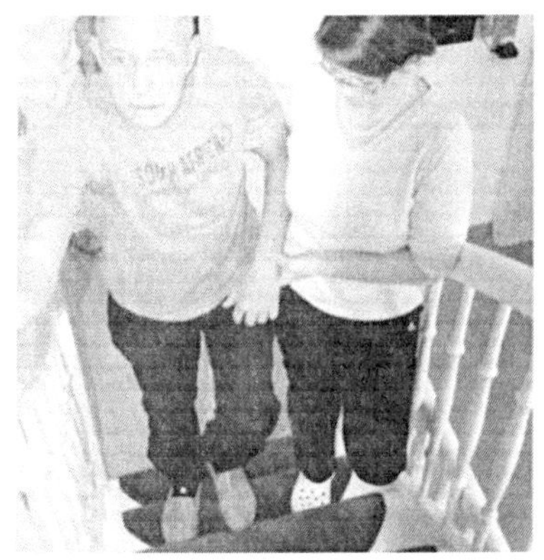

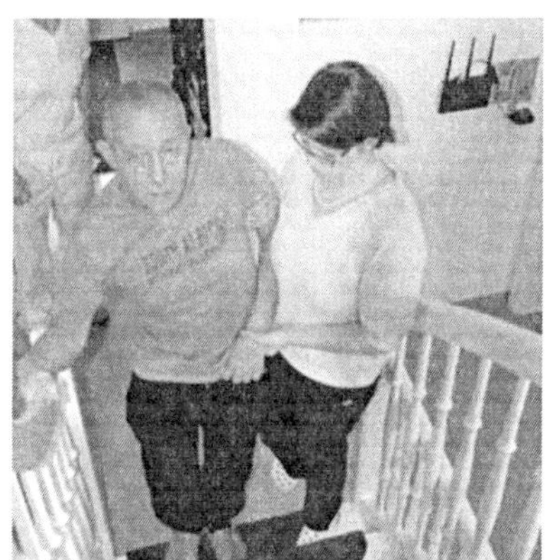

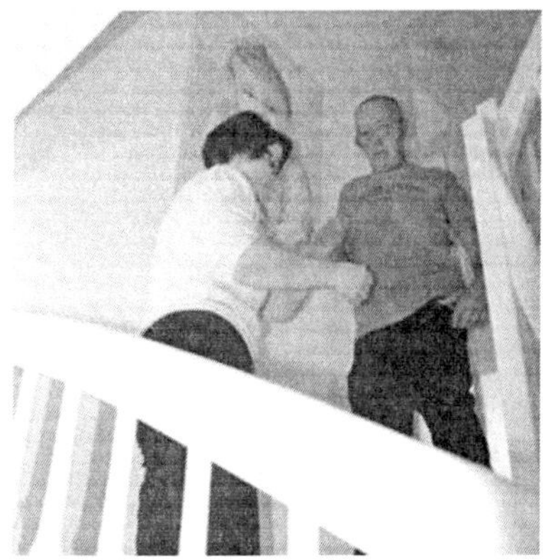

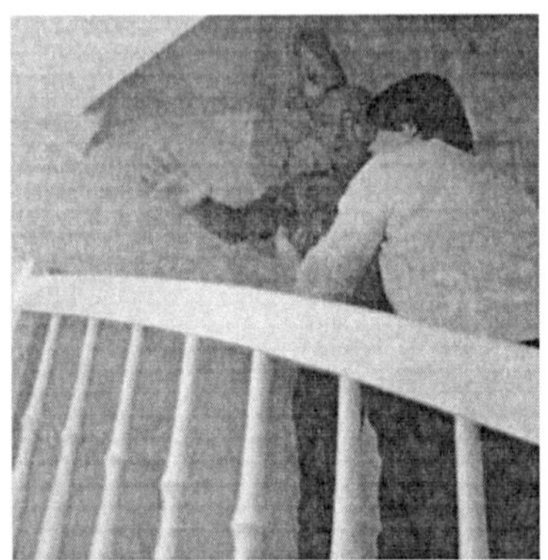
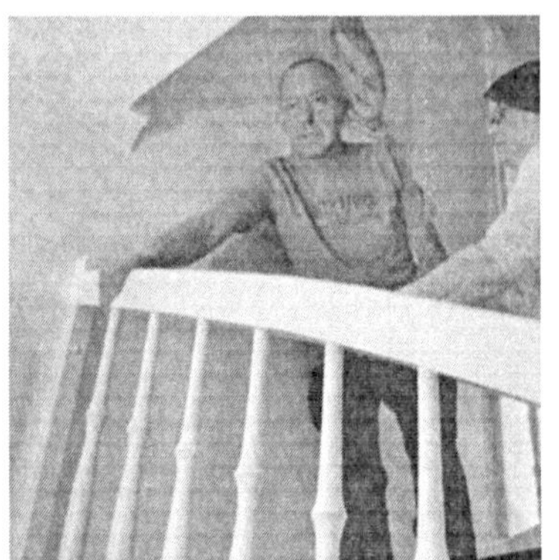

Für das Treppen laufen war (nach Dr. Herrs Meinung) die ständige Hilfe seiner Frau notwendig. Hierzu sei angemerkt, dass die gut gemeinte Unterstützung seiner Frau hier eine potenzielle Gefahr für das Schultergelenk darstellt. Durch diese Hilfestellung kann im Extremfall der Rumpf so verdreht werden, dass eine aufrechte Haltung verhindert wird. Im Treppenverlauf war wandseitig kein zusätzlicher Handlauf installiert. Dr. Herr war beim Treppabsteigen somit gezwungen, sein Gewicht nach vorne zu verlagern, damit er mit der rechten Hand das untere Geländer zu greifen bekam. Die Wahrscheinlichkeit des Gleichgewichtverlustes sowie die Sturzgefahr waren hier natürlich sehr hoch.

Das Treppaufgehen konnte er durchaus ohne die Hilfe seiner Frau bewältigen. Zur allgemeinen Aktivitätsförderung wurde Dr. Herr nun etwas Eigeninitiative abverlangt. Ich ließ ihn rückwärts die Treppe herunter gehen. Somit musste er nicht umgreifen.

Das Problem mit dem fehlenden Handlauf konnte somit mehr oder weniger elegant gelöst werden: Dr. Herr verwendete treppabwärts den gleichen Bewegungsablauf wie treppaufwärts – nur rückwärts. Ihm war es somit möglich, sich selbst mit der unversehrten, rechten

Seite Halt zu geben und auch seine Angst zu mindern. Nach dem Erfolg des Treppensteigens wurde Dr. Herr auch zunehmend klar, zu welchen bemerkenswerten Handlungen er alleine noch fähig ist. Dies bewirkte beim Patienten einen nicht zu unterschätzenden Motivationsschub.

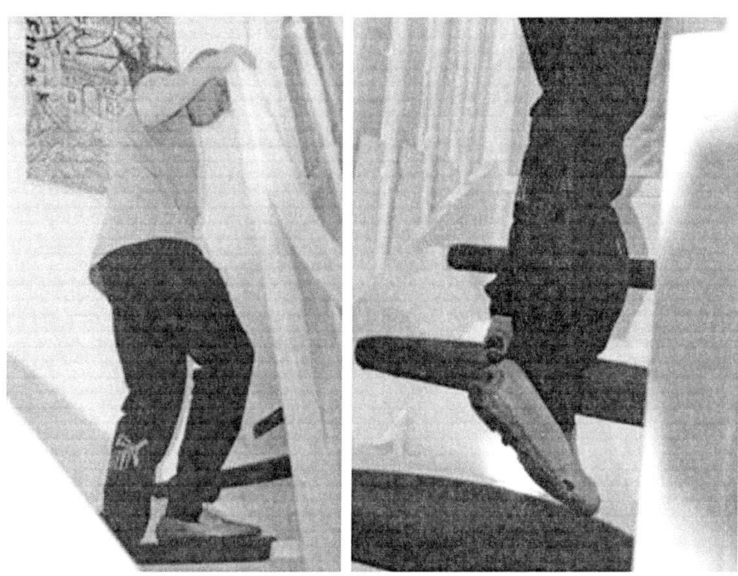

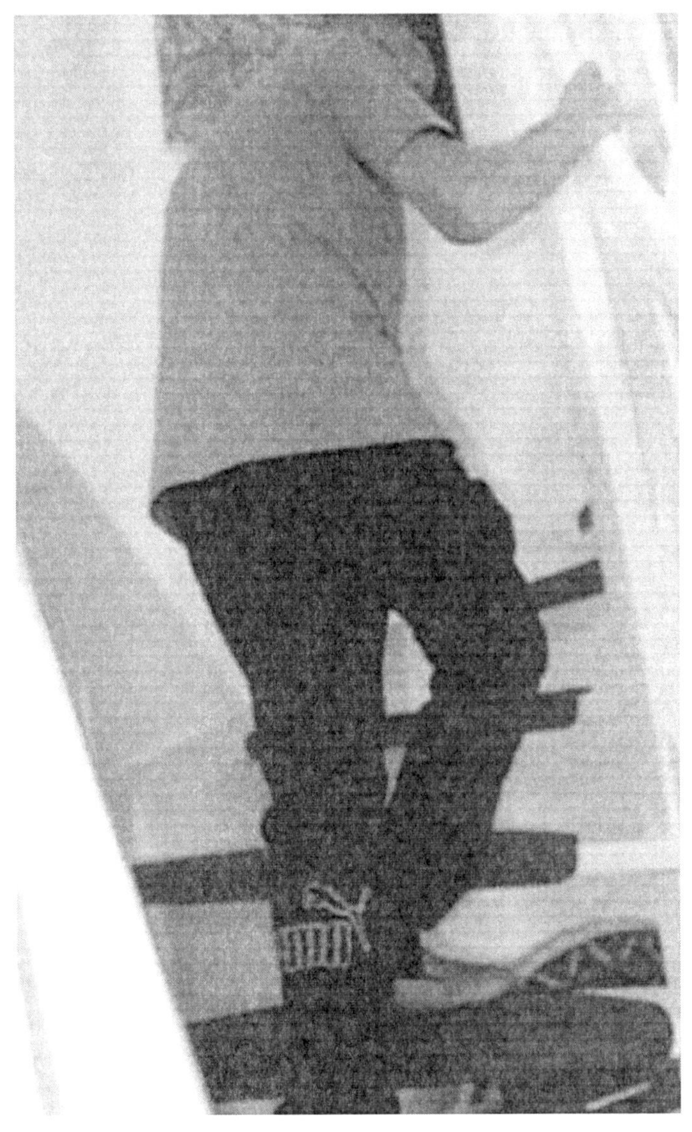

Zusammen mit allen anderen Therapiemaßnahmen war es Dr. Herr im November 2014 möglich, alleine vorwärts die Treppe herunterzugehen.

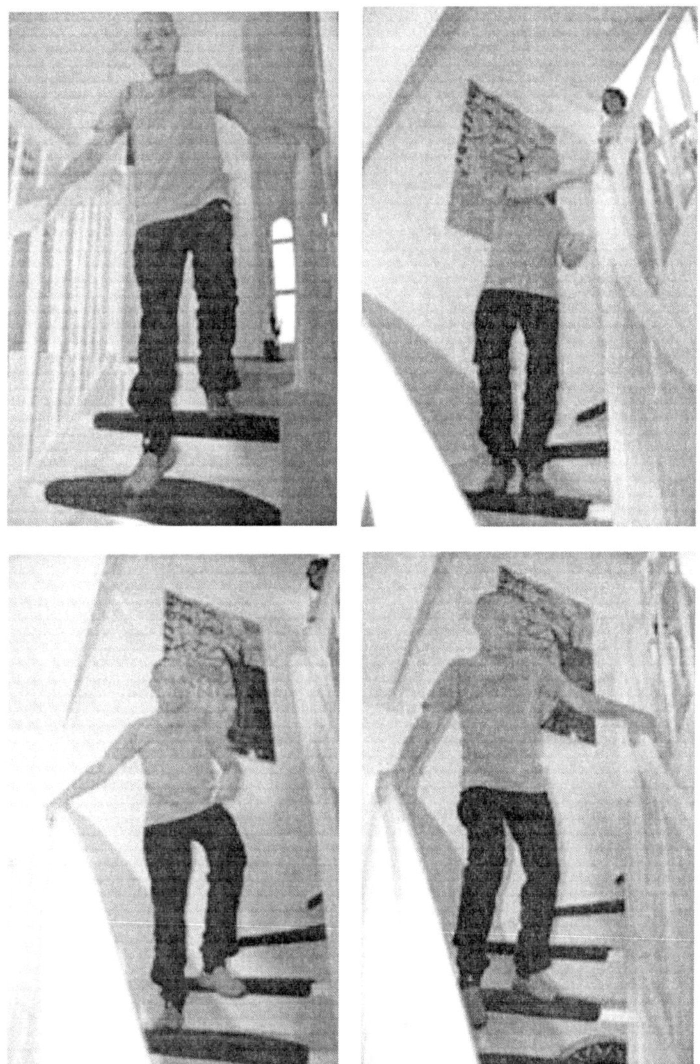

Fazit des 24-Stunden-Ansatz (im Bobath-Konzept)

Zu viel Fürsorge durch Familienangehörige führte zur Abnahme der Aktivität im Alltag – Dr. Herr entging somit dem nötigen Lernprozess. Die Angehörigen wurden angewiesen, ihm nicht alles abzunehmen. Stattdessen sollten sie jetzt darauf achten, dass Dr. Herr die in der Einzeltherapie gelernten Bewegungsabläufe genügend wiederholt.

Nach nur einer weiteren Therapie (5. Einheit), konnte Dr. Herr bei der Behandlung des linken Arms den Daumen leicht bewegen (Anfang für Faustschluss). In der siebten Therapie (zweite Armbehandlung) waren schon Pronation und Supination des Unterarms möglich. Dr. Herr trug aber selbst durch vermehrte Eigenaktivität im Alltag zum Behandlungserfolg bei.

Armtherapie

Bei der Armtherapie wurde(n):

- Bewegungsanforderungen verändert (unter Abnahme der Eigenschwere)
- erlernt, nicht mit einer Rumpfbewegung zu starten, sondern mit einer selektiven Bewegung des Arms
- Abstützaktivität geschult und geprüft durch Einsatz einer Waage
- der 24-h-Ansatz des Bobath-Konzepts angewendet

Beispiele:

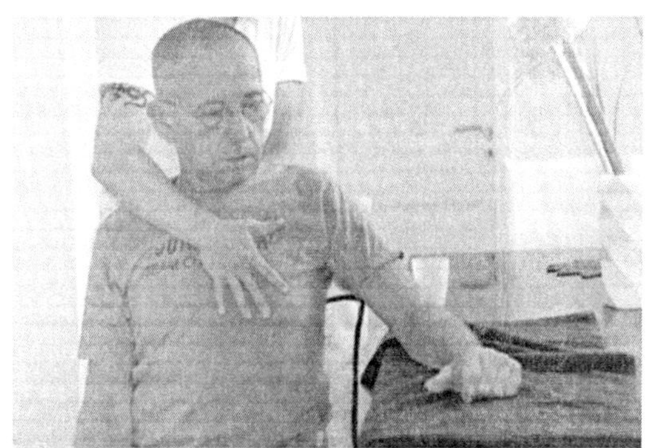

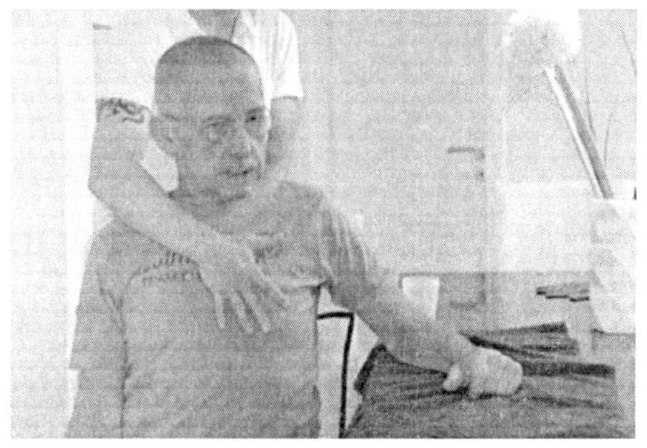

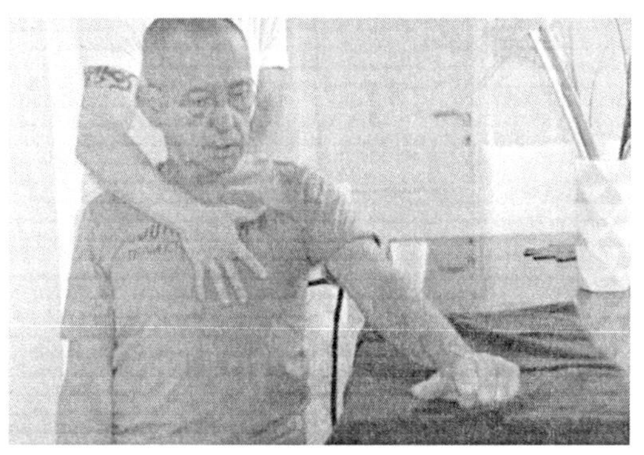

Der Patient sitzt auf einem Stuhl – ein Kissen im Rücken verhindert das Einsacken des Brustkorbes. Desweiteren verhilft es zur besseren Rumpfstabilität und der Patient sitzt symmetrischer.

Zusätzlich wird vom Therapeuten der Brustkorb fixiert, damit der Patient gezwungen ist, eine selektive Armbewegung zu machen.

Der Patient schiebt das Handtuch nach vorne und zieht es anschließend wieder zurück.
Da die Übung sehr abstrakt ist, wird dem Patienten die Idee einer Ruderbewegung vermittelt, um einen konkreten Handlungsbezug zu schaffen. (Siehe Bilder Seite 169)

Durch den Tisch wird die Eigenschwere des Armes abgenommen.

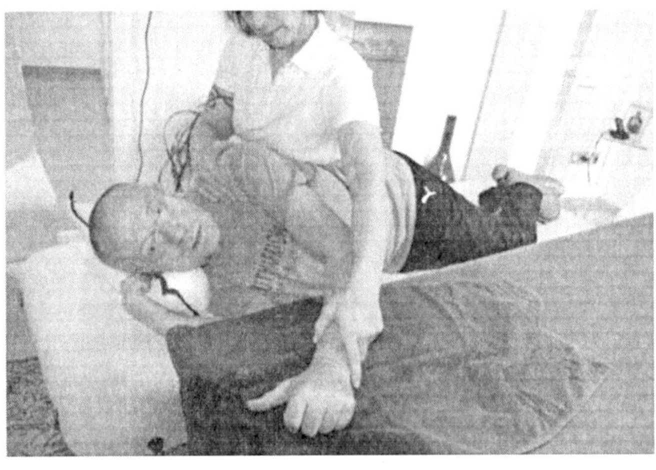

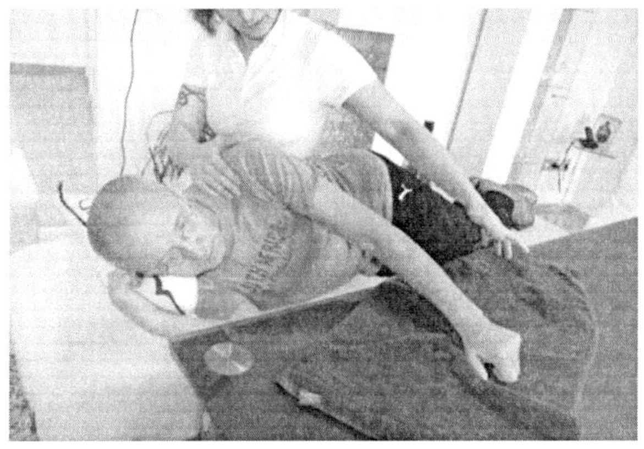

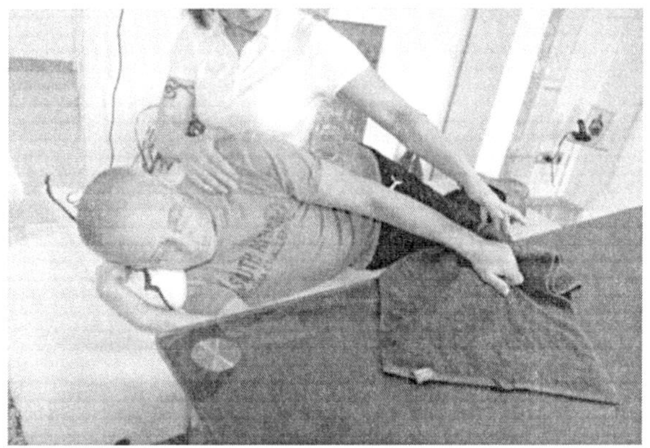

Der Patient arbeitet nun an einer Flexionsbewegung der Schulter. Hierzu schiebt er in Seitenlage ein Handtuch auf einem Tisch vor und zurück. Der Therapeut gibt einen leichten Führungswiderstand am Arm. Mit der anderen Hand wird der Oberkörper fixiert – eine selektive Armbewegung ohne Ausweichaktivität wird somit erzwungen.

Die Bewegung des Handtuchs erfolgt nun über die Flexion und Extension der Schulter. (Siehe Bilder Seite 170/171)

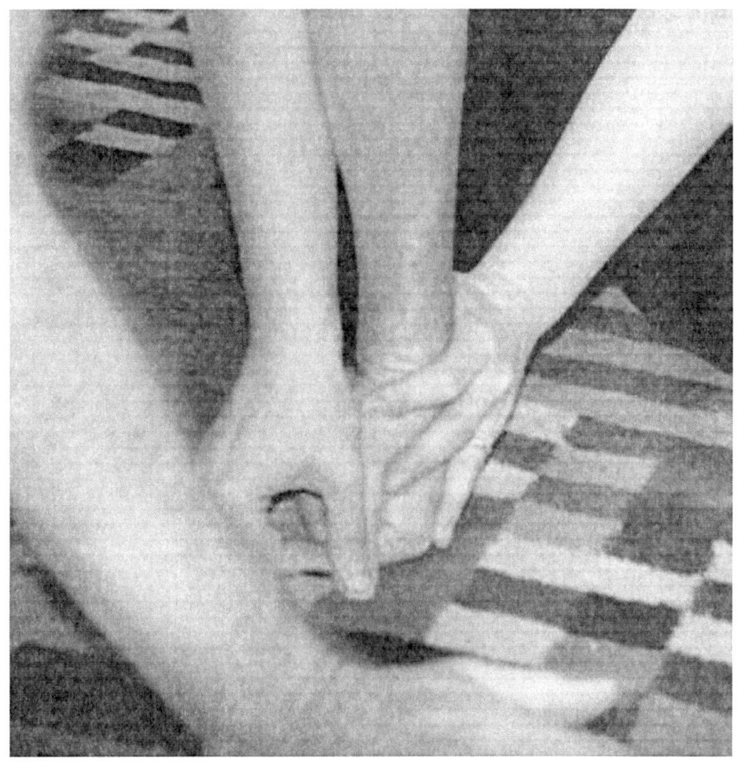

Im Vierfüßlerstand auf dem Boden konnte Dr. Herr noch mehr Abdruckaktivität im Arm erlangen und das Gefühl der Gewichtsverlagerung besser einschätzen. Für die unterstützende Stabilität im Handgelenk half ihm seine Frau, die von mir umfassend therapeutisch geschult wurde.

Einsatz des 24 Stunden Konzepts

- Trinken
- Licht an- und ausschalten
- Öffnen und Schließen einer Türklinke

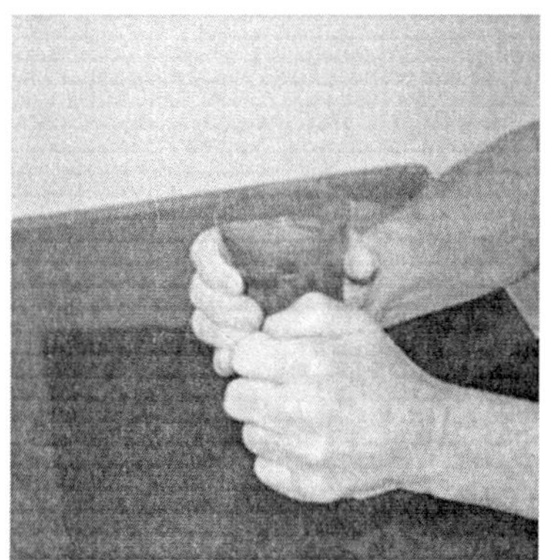

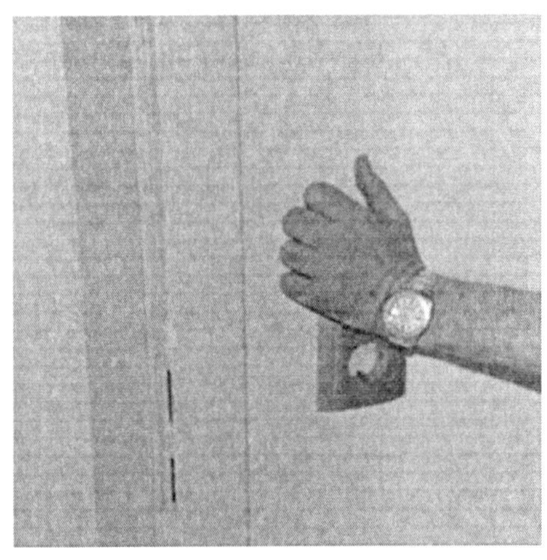

Der Patient soll den betroffenen Arm beim Trinken mitbenutzen. Da das Öffnen und Greifen mit der Hand noch nicht möglich ist, soll zumindest der Bewegungsablauf des Arms geübt werden.

Ebenso soll der Patient Gleiches mit dem Lichtschalter und der Türklinke praktizieren.

Weiterer Therapieverlauf

Dr. Herr konnte am 17.10.2014 alle Finger in Flexion bewegen (Faustschluss möglich). Er ist in der Lage, einen Stock festzuhalten und eine Pro- und Supinationsbewegung zu machen.

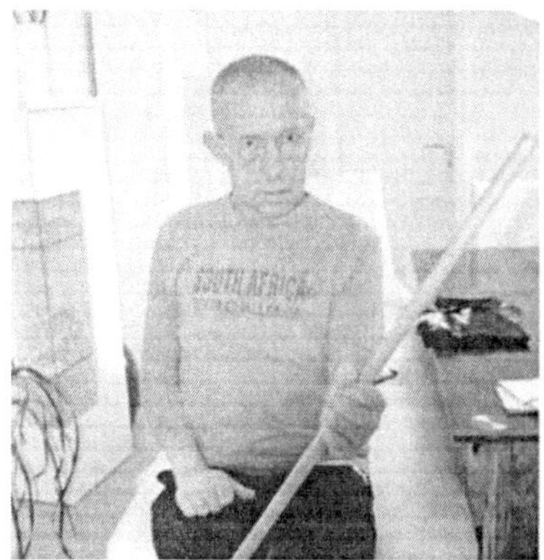

Am 19.10.2014 war Dorsal Extension im Handgelenk wieder möglich, sowie diverse Armbewegungen. Auch zielorientierte Bewegungen des Armes, z. B. Ball werfen oder fangen ist ausführbar, jedoch

nur mit Faustschluss der linken Hand, da Extension der Finger noch nicht möglich war.

Zwischenmessung am 19. Oktober 2014:

1. Aufstehen symmetrisch	rechts > links, jedoch ohne Abstützen mit Armen, ohne Schwung und ohne Gehstock
2. EBST li.	Nicht möglich
3. EBST re.	2 sek.
4. Rhomberg Augen auf	20 sek.
5. Rhomberg Augen zu	6 sek.
6. Funcinal Reach	18,5 cm mit HGST (Hüftgelenkstrategie)
7. Time up and go 3m	20 sek.
8. 10m Gehtest	17 sek. (ohne Gehstock)
9. Schrittzahl 10m	20 Schritte

Ab dem 19.10.2014 war Dr. Herr in der Lage, in die Praxis nach Neunkirchen zur Therapie zu kommen. Dort arbeiteten wir weiter intensiv an der Abdruckaktivität des Fußes und der muskulären Balance im Zwei- und Einbeinstand.

Das Ziel der fortgeführten Armarbeit liegt in einem steten Zugewinn an Bewegungsfunktionen von Arm-, Hand- und Fingerbewegungen. Wir erreichten somit bereits eine langsame Extension (Streckung) der Finger, sodass die Hand schrittweise aktiv geöffnet werden konnte.

Im November 2014 (8 Wochen nach dem Schlaganfall) war der Patient in der Lage, die linke Hand unterstützend einzusetzen, um sich festzuhalten. Das Greifen war nun möglich und der Patient setzt es im 24-h-Ansatz des Bobath-Konzepts um, wie z. B.:

1

2

3

- Fähigkeit zum Umgreifen eines Glases mit Wasser ist gegeben, das Hochheben und Trinken gelingt aber nur mithilfe der rechten Hand. (Siehe Bilder 1,2,3)

- Zum Öffnen und Schließen einer Tür ist nun das Umgreifen der Türklinge machbar.

- Das Bedienen des Lichtschalters ist nun auch mit geöffneter Hand möglich.

- Ab dem 25.11.2014 konnte Dr. Herr auch das Geschirr aus dem

Schrank aus- und einräumen.

Am 11.11.2014 ist eine volle Handöffnung erreicht, ebenso die Opposition des Daumens zum Zeigefinger.

Es wird weiter an der Ausdauer, Kräftigung und dem körperlichen Gleichgewicht mit dem Bobath-Konzept gearbeitet.

Der Patient praktiziert nun regelmäßig die Eigenübungen aus der Therapie zu Hause. Zusätzlich leistet er Krafttrainingseinheiten im Milon Zirkel (Gerätezirkel).

Abschlussmessung am 11.11.2014:

1. Aufstehen symetrisch	rechts = links
2. EBST links	3 sek.
3. EBST rechts	6 sek.
4. Rhomberg Augen auf	Nach 30 sek. Abbruch
5. Rhomberg Augen zu	Nach 30 sek. Abbruch
6. Functional Reach	23 cm SPGST (Sprunggelenk Strategie)
7. Time up and go 3m	9 sek.
8. 10m Gehtest	7 sek.
9. Schrittzahl 10m	11 Schritte

Abschlussbefund im Stand

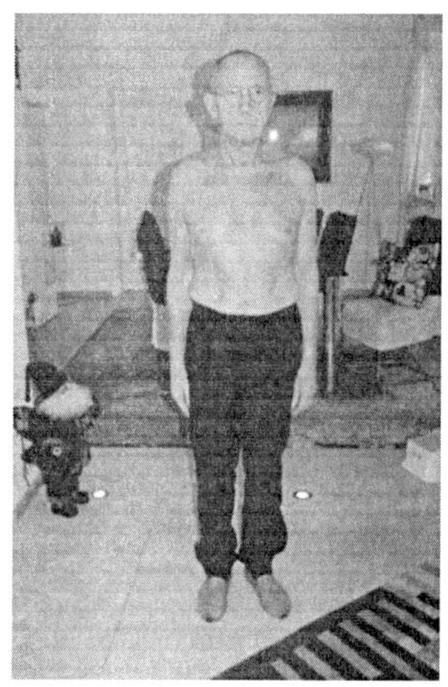

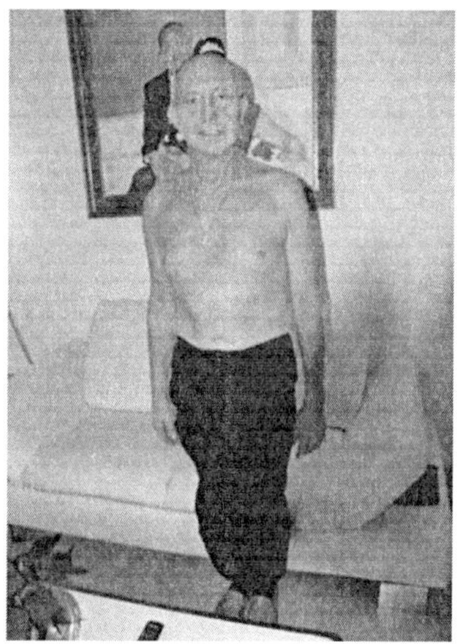

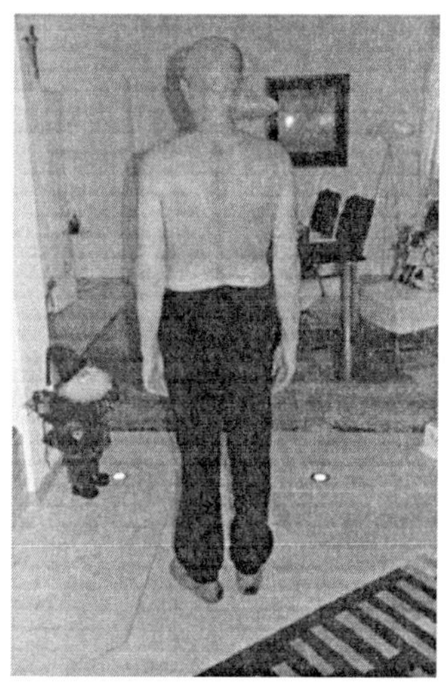

In Bezug auf die Wirbelsäule kann man sehr gut sehen, dass Dr. Herr nun gerade und aufrecht steht. Der Oberkörper hat an Stabilität gewonnen. Er belastet beide Beine gleichmäßig. Die Balance ist überwiegend wieder wiederhergestellt. (Siehe Seite 181)

Abschlussbefund vom Sitz in den Stand

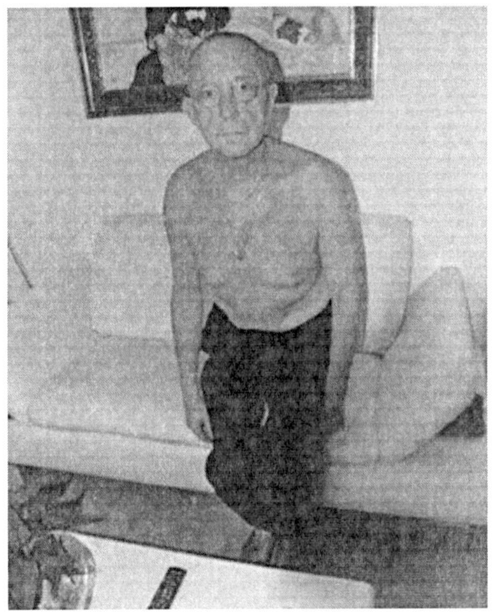

Dr. Herr belastet beim Aufstehen symmetrisch beide Beine, ohne fremde Hilfe und Armstütze.

Es ist ihm im Dezember möglich, die betroffene Seite vollständig zu belasten. Im Einbein-Stand mit angehobenen Arm gelingt es ihm, die Kontrolle zu bewahren.

Dr. Herr hat in dem beschriebenen Therapieverlauf an Lebensqualität zurückgewonnen.

Dr. Herr mit seiner Ehefrau und Sohn Jonas Amadeus

Nachwort

Die Messergebnisse von Dr. Herr und die bisherigen Resultate mit dem Bobath-Konzept zeigen ein bemerkenswertes Ergebnis. Nach wie vor wird aber noch immer mit viel Engagement an Verbesserungen gearbeitet, sowohl vom Patienten selbst, als auch zusammen mit der Therapeutin in guter Compliance.

Dr. Herr danke ich für sein Vertrauen in meine Arbeit und für seine respektvolle Mitarbeit, die bis dato zu so einem beeindruckenden Ergebnis geführt hat.

Zum Schluss möchte ich nicht versäumen, meiner Bobath-Dozentin Carmen Puschnerus* zu danken. Sie vermittelte mir das Bobath-Konzept mit viel Hingabe und Begeisterung – für mich eine großartige Motivation, damit zu arbeiten, um Menschen helfen zu können.

*Carmen Puschnerus ist Physiotherapeutin und Bobath-Instruktorin im Verein der Bobath-InstruktorInnen Deutschland und Österreich e.V. (VeBID)

Dr. Herr nebst Ehefrau und Therapeutin Nicole Börsch

Ergotherapie in der Neurologie

Neurologie ist, vereinfacht, die Lehre von den Erkrankungen des Nervensystems. Dazu gehören das Zentralnervensystem, wie Rückenmark und Gehirn, und das periphere Nervensystem, zu dem auch die Muskulatur und deren Verbindungen gehören. Die Neurologie ist ein Teilgebiet der Inneren Medizin, wobei der Übergang zur Psychiatrie in einigen Fällen fließend ist.

Ergotherapie & Neurologie sind zwei eng verbundene Bereiche in der Medizin. Vor allem Erkrankungen des Zentralnervensystems werden bei der Ergotherapie in der Neurologie behandelt. Das Gehirn ist in der Lage, auch nach größeren Schädigungen in bestimmten Regionen wieder Nervenverbindungen aufzubauen. Deshalb ist es wichtig, genau diese Bereiche zu trainieren und zu fördern. Hier setzt die Ergotherapie in der Neurologie an. Die Therapiekonzepte sind speziell auf Menschen mit einem neurologischen Krankheitsbild abgestimmt und erprobt. Verloren gegangene Fähigkeiten werden mit Hilfe des Therapeuten neu erlernt und gefestigt.

Ergotherapie in der Neurologie: Krankheitsbilder und Auswirkungen

Eines der bekanntesten neurologischen Krankheitsbilder ist der Schlaganfall. Die Einblutungen in das umgebende Gewebe und der auftretende Sauerstoffmangel führen unter anderem zu Sehstörungen, Schwindel, Sprachstörungen, Verwirrtheit, Schluckstörungen und Störungen des Orientierungssinns. Häufig ist eine Lähmung zu beobachten, in Teilen des Gesichtes, bis hin zu einer ganzen Körperhälfte. Je schneller hier Ergotherapie & Neurologie eingesetzt wird, umso größer sind die Heilungschancen.

Andere Schädel-Hirn-Verletzungen, etwa durch Unfälle oder Infektionen, und Verletzungen des Rückenmarks, werden ebenfalls durch ergotherapeutische Maßnahmen unterstützt. Solche neurologischen Erkrankungen bilden sich nur selten vollständig und sehr langsam zurück, da sie in der Regel vielschichtige Störungsbilder aufweisen.

Aufgaben der Ergotherapie in der Neurologie

Durch den Verlust ihrer Fähigkeiten sind die Betroffenen mehr oder minder schwer belastet. Nicht nur eventuelle Schmerzen beeinträchtigen den Patienten, sondern ganz besonders das Bewusstsein, alltägliche Dinge nicht mehr selbst erledigen zu können und auf Hilfe angewiesen zu sein. Unter Umständen kann das zu Depressionen oder totalem Rückzug führen, auf jeden Fall zieht eine solche Krankheit psychische, physische und soziale Belastungen nach sich.

Die Ergotherapie in der Neurologie greift hier unterstützend ein. Sie soll dem Betroffenen helfen, seine Situation zu bewältigen und zu verbessern. Die Stärkung und Förderung des Selbstwertgefühls spielen dabei eine große Rolle.

Die Hauptaufgabe der Ergotherapie in der Neurologie ist es, die verlorenen Fähigkeiten wieder zu erlernen, beziehungsweise die verbliebenen zu verbessern, damit der Betroffene seine Selbstständigkeit so weit wie möglich wiedererlangt und erhält. Die Ergotherapie in der Neurologie berät in der Auswahl geeigneter Hilfsmittel und zu Veränderungen im häuslichen und beruflichen Umfeld.

Ziele der Ergotherapie in der Neurologie

Das wichtigste Ziel der Ergotherapie in der Neurologie ist es, dem Betroffenen zu helfen, sich in seiner Umgebung und der Gesellschaft wohlzufühlen und trotz seiner Einschränkungen ein lebenswertes Leben zu führen. An erster Stelle steht eine Befunderhebung, dann werden erreichbare individuelle Ziele festgelegt. Bei sehr schweren Krankheitsbildern kann es ein Ziel sein, den Patienten von der Beatmungsmaschine zu entwöhnen oder das Schlucken wieder zu erlernen. Patienten mit Lähmungen werden im Einüben von Ersatzfunktionen unterstützt, zum Beispiel bei einem Rechts-Betroffenen, das Essen oder Schreiben mit der linken Hand.

Der Abbau von krankhaften Bewegungsmustern und das Einüben normaler Bewegungen sowie die Verbesserung der Fein- und Grobmotorik und der Gleichgewichtsempfindungen sind weitere Ziele. Die Ergotherapie in der Neurologie hilft bei der Koordination und Umsetzung der Sinneswahrnehmungen und deren Integration zum sensorischen Bereich.

Die Ergotherapie in der Neurologie hilft, neuropsychologische Einschränkungen zu verbessern. Dazu gehören die Merk- und Konzentrationsfähigkeit, die Aufmerksamkeit, Gedächtnistraining und unter Umständen auch das Wiedererlernen von Lesen und Schreiben. Der Patient lernt, Teilschritte einer Handlung nachzuvollziehen, Gegenstände zu erkennen und das Erfassen von Zeit, Räumen und Personen.

Aber auch negative Verhaltensauffälligkeiten, die mit den Erkrankungen einhergehen können, werden durch die Ergotherapie in positivere Bahnen gelenkt.

Behandlungskonzepte und Therapieinhalte von Ergotherapie & Neurologie

Je nach den festgesetzten Zielen bietet die Ergotherapie in der Neurologie verschiedene Behandlungstechniken an, die sich alle an den Kompetenzen der Patienten orientiert.

Neben Wahrnehmungsschulungen und funktionellen Behandlungen werden auch Entspannungstechniken angewandt. Das gezielte Trainieren von Alltagsaktivitäten nimmt einen großen Raum in der Ergotherapie in der Neurologie ein. Speziell Dinge aus dem täglichen Leben werden eingeübt und gefestigt, sei es die selbstständige Körperpflege oder Elemente der Haus- und Küchenarbeit.

In jedem Therapiekonzept steht der Mensch ganzheitlich im Mittelpunkt. Nach seinen Bedürfnissen und seinem Können wird die Therapie geplant und durchgeführt. Als abgeschlossen gilt die Behandlung, wenn die vereinbarten Ziele erreicht wurden. Das heißt, der Betroffene hat die Handlungskompetenzen erlangt, die seinen Bedürfnissen entsprechen, auch ohne dass er alle früheren Fähigkeiten wiedererlangt hat.

Quelle: http://www.ergotherapie.org/2010/10/ergotherapie-neurologie/

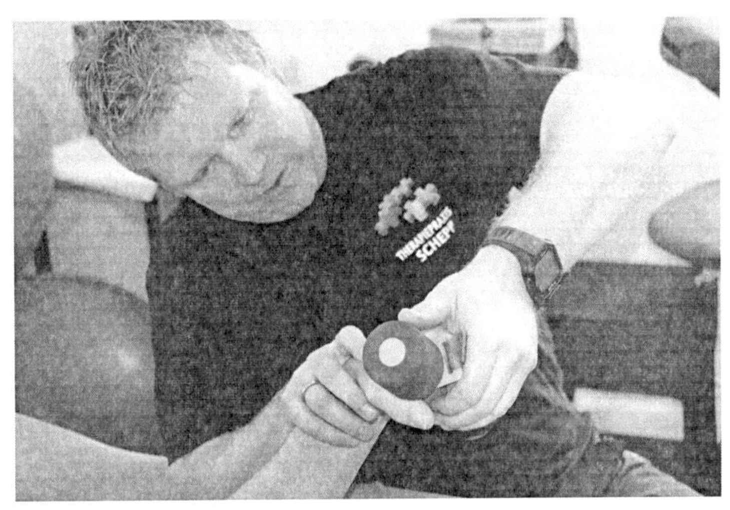

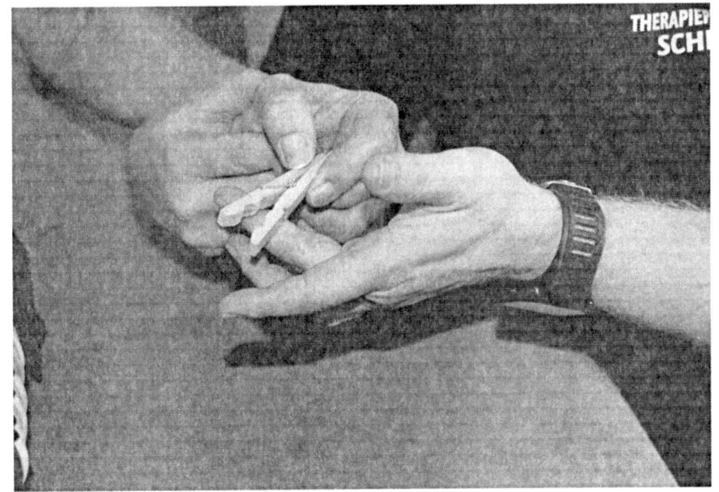

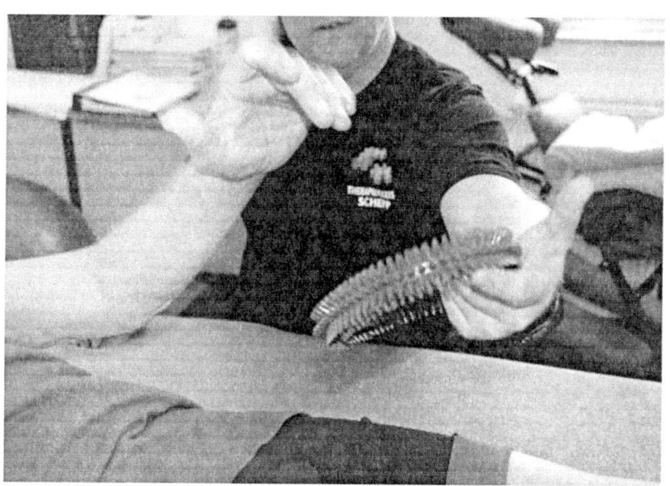

[i] Johansson K. et al.: Can sensory stimulation improve the functional outcome in stroke patients? Neurology,1993,43: 2189-2192

[ii] Hu HH, Chung C, Liu TJ, Chen RC, Chen CH et al: A randomised, controlled trial on the treatment for acute partial ischaemic stroke with acupuncture. Neuroepidemiology, 1993,12(2):106-113.

[iii] Naeser MA, Alexander MP, Strassy-Eder D, Galler V, Hobbs S, Bachman D: Acupuncture in the treatment of hand paresis in chronic and acute stroke patients – improvement observed in all cases. Clinical Rehabilitation,1994,8(2):127-141.

[iv] Sallstrom S, Kjendahl A, Osten PE, Stanghelle JK, Borchgrevink CF et al.: Acupuncture in the treatment of stroke patients in the sub-acute stage. Complement Therapies in Medicine, 1996,4(3) 193-197

[v] Kjendahl A, Sallstrom S, Osten PE, Stanghelle JK, Borchgrevink CF: A one year follow-up study on the effects of acupuncture in the treatment of stroke patients in the sub-acute stage: a randomised, controlled study. Clinical Rehabilitation, 1997,11(3):192-200.

[vi] Yamamoto, T: Yamamoto Neue Schädelakupunktur, Das Lehrbuch der YNSA. Verlag Systemische Medizin, Bad Kötzting und München, 2013:205-214